LA MOTHE LE VAYER
FT 4

Copyright © Manchester University Press 1994

While copyright in the volume as a whole is vested in Manchester University Press, copyright in individual chapters belongs to their respective authors, and no chapter may be reproduced wholly or in part without the express permission in writing of both author and publisher.

Published by Manchester University Press
Oxford Road, Manchester M13 9NR, UK
and Room 400, 175 Fifth Avenue, New York, NY 10010, USA
www.manchesteruniversitypress.co.uk

Distributed in the United States exclusively by
Palgrave Macmillan, 175 Fifth Avenue,
New York, NY 10010, USA

Distributed in Canada exclusively by
UBC Press, University of British Columbia, 2029 West Mall,
Vancouver, BC, Canada V6T 1Z2

British Library Cataloguing-in-Publication Data is available

Library of Congress Cataloging-in-Publication Data is available

ISBN 978 0 7190 8593 2 paperback

First published by Durham Modern Languages Series 1994

This paperback edition published 2014

The publisher has no responsibility for the persistence or accuracy of URLs for any external or third-party internet websites referred to in this book, and does not guarantee that any content on such websites is, or will remain, accurate or appropriate.

Printed by Lightning Source

LA MOTHE LE VAYER

LETTRE SUR LA COMEDIE DE L'IMPOSTEUR

Edited by Robert Mc Bride

UNIVERSITY OF DURHAM 1994

Illustrations

	FACING PAGE
Title page of the 1667 Edition (By permission of the Bibliothèque Nationale)	52
Title page of the 1668 Edition (By permission of the Bibliothèque Nationale)	53
Title page of the 1667 Edition (Annoted). (By permission of the Bibliothèque Nationale)	71
Portrait de F.de La Mothe Le Vayer gravé sur bois par Achille Ouvré (By permission of the Bibliothèque Nationale)	157

CONTENTS

	Page
Introduction	1
A. Evolution of *Le Tartuffe* up to 1667	1
B. (1) Presentation and structure of the Letter	7
(2) Dramaturgy and characterisation in *L'Imposteur* as seen by the Letter	8
(3) The psychology of religious hypocrisy	14
C. Religion and the theatre in XVIIth century	23
D. The nature and perception of the ridiculous	32
E. Stylistic features of the Letter	36
F. History of the acceptance of the Letter	49
G. Editions of the *Lettre sur la comédie de l'Imposteur*	52
H. Works consulted	54
Editor's Note	58
Notes to Introduction	59
Lettre sur la comédie de l'Imposteur	71
Notes to *Lettre sur la comédie de L'Imposteur*	107
Appendix I: Differences between *L'Imposteur* (1667) and *Le Tartuffe* (1669)	145
Notes to Appendix I	155
Appendix II: François de La Mothe Le Vayer (1588-1672)	157
Notes to Appendix II	169

A mes chers amis, Harry Barnwell, Jean Dubu, Henri Godin

... les contentemens spirituels ne se goûtent nulle part si parfaitement que dans l'amitié, sans laquelle il n'a point de douceur considérable dans la vie.

François La Mothe Le Vayer, écrivant sur le thème de l'amitié, dont sa *Lettre sur la comédie de l'Imposteur* est un témoignage des plus éloquents, au moment même où l'auteur du *Tartuffe* était en pleine crise.

INTRODUCTION

In the complex and often obscure history of Molière's *Le Tartuffe ou l'Imposteur* (1664–69), the anonymous *Lettre sur la comédie de l'Imposteur* occupies a pivotal position. It is situated at the centre of the protracted controversies surrounding his most notorious play, which began before its first private performance at Versailles on 12 May 1664 and started to fade only with its second public performance at the Palais-Royal on 5 February 1669. The relevance and importance of the *Lettre* in the play's history is due not only to the time of its publication (20 August 1667 marks the approximate mid-way point in the polemics), but principally to the light it sheds on the evolution, nature and significance of the play. It forms the most substantial and comprehensive contemporary document relating to the play and the issues raised by it. In particular, it affords us the sole account of the no longer extant second version of the play (August 1667), allowing us to assess the differences between it and the definitive third version of 1669. In addition, it defends vigorously the moral value of the play and Molière's intentions in writing it, so taking its place in the voluminous corpus of literature in the seventeenth century centring on the vexed question of the theatre and its relationship to Christian morality and teaching. Finally, it provides us with a carefully reasoned theory of the origin and perception of the ridiculous in human nature and applies it to the play's central character. 'The *Lettre sur la comédie de l'Imposteur* is the only work of any length which does full justice to comedy in the seventeenth century as a serious dramatic form'.[1] It is an important document in its own right and because it is inseparable from the historical context of the play and the circumstances which influenced its development. Context and circumstances must now be carefully reviewed up to the point at which the anonymous author intervened in defence of Molière and his play.

A. EVOLUTION OF *LE TARTUFFE* UP TO 1667

The setting for the first performance of *Le Tartuffe* was provided by the magnificent Court festival *Les Plaisirs de l'Île Enchantée* (7–13 May 1664), given ostensibly by the king in honour of the Queen Mother Anne d'Autriche and Queen Marie-Thérèse, but in fact for his mistress Mlle de La Vallière. Molière's actors, the *troupe de Monsieur, frère du roi*, took part in the opening ballet and performed *La Princesse d'Élide* on 8 May, in front of 600 guests on an outdoor theatre constructed by the Italian theatrical designer Vigarani, representing the main avenue of Versailles with the ornamental lake of the Château at its centre and the palace as its backdrop.[2] On 11 May, the troupe performed *Les Fâcheux* in one of the double theatres in the king's salon, and on the evening of the 6th and penultimate day of the festival, 'et trois actes du *Tartuffe* qui étaient les trois premiers', according to La Grange, one of Molière's leading actors and the secretary of the troupe.[3] It is evident that La Grange refers to the first three acts in relation to the five act play, completed by November 1664 and subsequently performed in 1667 and 1669. The first version of 1664 was therefore an incomplete play in three acts. Its contents may well not have corresponded to the relevant acts of the 1669 play, in which the second act is largely devoted to the *dépit amoureux* between Mariane and Valère, with Tartuffe only making his famous entrance in the second scene of the third act. Molière must have considered that the three acts of 1664 could be performed as a whole without undue distortion of his intentions and dramatic design and be subsequently expanded into a full length play of which he must have possessed the overall plan at the time. The question of whether or not the three acts formed an action complete in itself and of a farcical nature ending with Orgon's cuckolding by the hypocrite, as G. Michaut suggested, is a matter of conjecture.[4] What is beyond doubt is that La Grange repeated his statement in more emphatic form in his account of the festival included in the 1682 edition of Molière's plays: 'Le soir, sa Majesté fit jouer les trois premiers actes d'une comédie nommée *Tartuffe*, que le sieur de Molière avait faite contre les hypocrites', thus correcting the wording of the official version of 1664 which had spoken of 'une comédie nommée *Tartuffe*'.[5] A similar modification is made several lines further on, underlining the fact that the king forbad future performances of the play 'jusqu'à ce qu'elle fût entièrement achevée'.[6]

The play's notoriety had in fact preceded its performance, for already in April 1664 the members of the secret religious society, the Compagnie du Saint-Sacrement, were much exercised by the need to suppress it and to that end resolved to initiate manoeuvres at court.[7] They could rely on the opposition of the devout Anne d'Autriche to the lax moral tone of the young king's court, and Brossette informs us that Hardouin de Péréfixe, Archbishop of Paris, took charge of the religious campaign against the play and spoke against it to the king.[8] By 17 May the play's antagonists had sighted victory with the semi-official *Gazette* lauding the king for his exemplary piety in prohibiting a play so subversive of religion.[9] During July and August of that year some private readings of the play were given,

INTRODUCTION   3

notably to the Papal Legate, Cardinal Chigi, Churchmen of liberal bent, and at the home of an influential friend of Port-Royal, and the first three acts were performed for Monsieur on 25 September at Villers-Cotterets.[10] According to La Grange and Vivot, the first editors of Molière's plays in 1682, the comedy was presented 'parfaite, entière et achevée en cinq actes' for Mme La Princesse Palatine and Molière's 'protector' the Prince de Condé at Le Raincy on 29 November, 1664 and again at the same place on 8 November 1665, according to La Grange's *Registre*.[11] It was subsequently performed on 4 March 1668 at the Hôtel de Condé and on 20 September of the same year at Chantilly.[12]

We have no contemporary descriptions of the first *Tartuffe* other than that it was 'fort divertissante', according to the account of the festival printed with the first edition of *La Princesse d'Élide*, and its contents seem destined to remain shrouded in mystery.[13] In spite of this, several attempts have been made to reconstruct it with a view to drawing inferences about Molière's intentions in writing the play.[14] All that we know with certainty regarding this version is that Molière claimed strenuously to have made every effort to distinguish between true and false piety in the portrayal of his characters, see his *Premier placet présenté au Roi*, written at the beginning of August 1664;[15] that those people whom he terms 'les tartuffes' succeeded in convincing the king of the pernicious nature of his play; and that he was tireless in his efforts to reverse the situation.[16] His inability to persuade the play's detractors of his good intentions is reflected in Boileau's satire of them in 1665:

> Ce sont eux que l'on voit, d'un discours insensé
> Publier dans Paris que tout est renversé,
> Au moindre bruit qui court qu'un auteur les menace
> De jouer des bigots la trompeuse grimace.[17]

In spite of the interdiction of a comedy deemed in 1664 by the *Gazette* to be 'absolument injurieuse à la religion et capable de produire de très dangereux effets', there was too much at stake for Molière in terms of livelihood, reputation and antagonism to his opponents to acquiesce in it.[18] It has been seen that he was very active in attempting to persuade influential people of the innocence of his intentions. According to Brossette, writing in 1702 on the basis of information supplied from Molière's friend Boileau, the king had not ordered the suppression of the play, but had rather simply advised him not to give any public performances of it.[19] In any case the playwright must have received considerable private encouragement from the king to keep alive the hope that his play would eventually be performed. It is likely that the pleasure loving king was not averse to attacks on the kind of rigorous piety which voiced opposition to his liaisons with Mlle de La Vallière and others.[20] According to Molière's first biographer, Grimarest, when Molière thought that he had succeeded in allaying fears about his play, he advertised its performance for 5 August, 1667 at the Palais-Royal.[21] He did not at this stage have permission in writing from the king. No doubt the lapse of time from the first performance at Versailles, his determination to triumph over the *dévots*, the tacit connivance of the king coupled with the latter's absence on a military campaign in Flanders, all combined to convince him that it was opportune to test public reaction to his play.[22] Far from abating with the passage of time, however, the reaction to his play proved to be at once well rehearsed and devastatingly efficient. Grimarest's account, although not entirely accurate in every detail, is worth quoting since it evokes the tension and excitement of the long-awaited première in a theatre filled to overflowing:

> On affiche le *Tartuffe*: les Hypocrites se reveillent; ils courent de tous côtez pour aviser aux moyens d'éviter le ridicule que Molière alloit leur donner sur le theâtre malgré les deffences du Roi. Rien ne leur paroissoit plus effronté, rien plus criminel que l'entreprise de cet Auteur: et accoutumés à incommoder tout le monde, et à n'être jamais incommodés, ils portèrent de toutes parts leurs plaintes importunes pour faire réprimer l'insolence de Molière, si son annonce avoit son effet. L'Assemblée fut si nombreuse que les personnes les plus distinguées furent heureuses d'avoir place aux troisièmes loges. On allume les lustres. Et l'on étoit prest de commencer la pièce quand il arriva de nouvelles défences de la representer, de la part des personnes préposées pour faire executer les ordres du Roi.[23]

He is in error when he goes on to state that the performance did not take place and that the actors were obliged to refund money to the audience. It was rather on 6 August according to *La Grange*, that 'un huissier de la cour du Parlement est venu de la part du premier Président M. de Lamoignon défendre la pièce'.[24] Molière, once again reduced to his own resources, undertook two initiatives quickly in an attempt to redress an unpromising situation. The first was to write a second *Placet* to the king and ensure that it reached him as soon as possible. Its deferential tone does not conceal his sense of urgency and despair at the turn of events. After abjectly apologizing for his intrusion into the king's lofty preoccupations, he alleges that, faced with the authorities' opposition, his only recourse is to appeal to the king as supreme source of all authority. He claims that notwithstanding all the modifications introduced into the play, it no sooner appeared in public than it was met with crushing opposition; its opponents subvert good people, and Paris is scandalized that their machinations are allowed to go unexposed. The end of the *Placet* contains both threat and blandishments to the monarch. Should the 'tartuffes' win the day, he will be forced to consider whether or not he should continue to write plays.[25] The *Placet* was despatched on 8 August in the hands of La Grange and La Torillière. 'Sa Majesté était au siège de l'Isle en Flandre, où nous fûmes très bien reçus. Monsieur nous protégea à son ordinaire, et Sa Majesté nous fit dire qu'à son retour à Paris il ferait examiner la pièce de *Tartuffe*, et que nous la jouerions.'[26]

His second initiative was to turn to Madame, Henriette d'Angleterre, wife of Monsieur, frère unique du Roi, who, since October 1658 had been the troupe's protector. Molière had dedicated *L'Ecole des femmes* to her in December, 1662, and performed *Le Tartuffe* for Monsieur on 25 September 1664. M. Delavau, a member of Madame's staff, undertook to see the Premier Président on Molière's behalf, but merely succeeded in confusing the issue. According to Brossette, Madame requested him to see M. de Lamoignon, who simply informed him that he knew quite well wherein his duty lay and that he would talk to Madame herself. Three or four days later he came to visit her, but apparently she did not find it appropriate to raise the subject of the play.[27] As a last resort, Molière prevailed on Boileau to take him to explain his position to Lamoignon, who was a man of culture and also a member of the Compagnie du Saint-Sacrement. The response of the Premier Président was as courteous as it was inflexible. He praised Molière's talent as an actor who brought great distinction to his profession and country, but could not conceivably allow him to perform the play, even though he, Lamoignon, was persuaded of its instructiveness, since it was not incumbent upon actors to teach on the subject of Christian morality and religion. He could not therefore exceed the authority vested in him temporarily by the king, who might deem otherwise on his return. Molière, dumbfounded at this turn of events, recollected himself sufficiently to argue the case for the moral innocence of his play and stress the sensitive manner in which the delicate subject of religious hypocrisy had been treated. It was evident that Lamoignon's sledge-hammer argument about the demarcation between religion and the theatre had disconcerted him. The Premier Président broke off the discussion by saying that as it was almost noon, he would be late for Mass. At the end of IV, 1, of the 1669 play the hypocrite eludes Cléante's reasons against accepting the inheritance due to Damis by averring that

> Il est, Monsieur, trois heures et demie;
> Certain devoir pieux me demande là-haut. (ll.1266–7)

The resemblance between Lamoignon's closing remark and the play does not indicate Molière's satire of him, since the lines were already in the second version before the meeting, as attested by the *Lettre*. In any case it is inconceivable that Molière would have been so foolhardy as to jeopardize all the patient diplomacy of several years standing with satire of the leading magistrate. Brossette records Molière's profound dissatisfaction, less with the Premier Président than with himself, and he vented his bad humour upon Hardouin de Péréfixe, Archbishop of Paris, whom he regarded as leader of the religious faction opposing his play.[28]

Molière's disarray was compounded by Hardouin's *Ordonnance de Monseigneur l'Archevêque de Paris*, dated 11 August 1667, addressed to all his priests in Paris and its suburbs, to be read out at all Masses in his diocese. It comprised a comprehensive ban on reading the play or listening to it in public or in private in any form whatsoever, under pain of excommunication from the Church. The gravamen against Molière was the familiar one alleging the confusion of true and counterfeit religion, which could only redound to the advantage of *libertins*.[29] It was evident that Molière had reached a watershed in the evolution of the polemics. At this juncture he would seem to have been faced with a stark choice: either to abandon all hope of seeing his play performed in public (an unthinkable course of action, given his personal commitment to the struggle against what he saw as religious hypocrisy); or to develop a fresh, comprehensive and incisive defense of his play which would prove more effective than the hitherto frantic piecemeal reactions to each turn of events. In particular, it was necessary to tackle head-on three principal objections to the play, rehearsed with wearisome zeal by its opponents, namely:

(a) the apparently unanswerable charge of Lamoignon and others to the effect that, however artful and instructive the play might be, nonetheless '... il ne convient pas à des comédiens d'instruire les hommes sur les matières de la morale chrétienne et de la religion; ce n'est pas au théâtre à se mêler de prêcher l'Evangile;'[30]

(b) that Molière had brought ridicule on true piety by inadequately distinguishing it from hypocrisy; and

(c) that it was not possible to derive moral benefit from attendance at the play and the theatre. The anonymous *Lettre*, bearing the date of 20

August 1667, addresses itself opportunely to these central concerns with an intellectual vigour and erudition which transposed the defence of the play onto a moral and ideological basis which it had not previously possessed.

B (i) PRESENTATION AND STRUCTURE OF THE LETTER

The *Lettre* is essentially composed of two unequal parts, the first of which is twice as long as the second and provides a very detailed description of the 1667 play [pp.1–78]. Part I is interrupted by a long digression to discuss conflicting views on Molière's intentions behind the use of religious terminology by Panulphe in the scenes in which he attempts to seduce Elmire [pp.33–8]. Part II [pp.79–124] is a sustained defence of the moral value of the play and comprises two sub-sections: in the first, a vigorous argument is developed against the objection that religion falls outside the purview of the theatre, and is based on the principles of truth, charity and the example of Antiquity [pp.79–92]. A rationalist definition is given of religion, whose light needs to be brought into every sphere of human activity, including the theatre. The moral argument is supplemented by the second sub-section devoted to the analysis of the phenomenon of the ridiculous, which adduces the practical social gains accruing from Molière's effective satire of potential seducers. Preceding both parts is a prolix and enigmatic *Avis* to the reader explaining the author's involvement with the play and anticipating possible objections to the letter. The author claims disingenuously to have seen only the performance of 5 August, 1667, to have entertained no idea at that time of writing the letter, maintains that he must not be blamed by those people who did not see the play for not providing quotations in verse since he does not wish to traduce the poet, and finally and most implausibly, to know Molière only from his stage performances. How much weight can be given to these statements? The claim to have reconstructed the play from the recollections of a single performance can be discounted at once. The quotations, though not in verse, are much more precise and detailed than mere paraphrases, and number approximately 120, many of which are substantial. The *Avis* intimates with considerable understatement that they comprise 'à peu près les mêmes mots' as the original. The author certainly had access to a copy of the play, pace the Archbishop, but the fact that there are no verse quotations is most likely a consequence of the latter's edict 'de faire défenses à toutes personnes de notre diocèse de représenter, sous quelque nom que ce soit, la susdite comédie, de la lire ou entendre réciter, soit en public soit en particulier, sous peine d'excommunication'.[31] In the understated description of the *Avis*, the letter is 'une relation fidèle de la chose', in which the sequence of action and the main speeches of the characters are given in minute detail and with painstaking accuracy. This is borne out by the most thorough comparison with the final version (see Appendix I). The writer therefore knew the dramatist well, since Molière would not have entrusted a copy of such controversial material to a mere acquaintance, still less to someone who knew him only from his stage appearances. This inference is borne out by new evidence relating to the question of authorship, presented in sections C and D of this Introduction. It is evident that the author decided that Molière's best interests could be served by his adopting an ironic undogmatic approach to the play's opponents. The tone of the *Avis* affects neutrality and deference towards the authorities, and, more surprisingly, towards Molière. It asks the reader to bear in mind that part one merely summarizes what has been said for and against the play. Part II presupposes the play's innocence, and opposes only in general terms the view that it is wrong in principle to include the discussion of religion in the theatre. The analysis of the ridiculous is held to be of a purely speculative nature, still requiring five or six months to perfect, and published against the author's better judgement. The reflections on the moral value to be derived from satire of seducers may prove to have 'une utilité accidentelle', which, if true, would not compensate for any defects the authorities may have found in the play. Having thus endeavoured to hedge himself around against misinterpretations of his intentions, the writer ends by averring that should misgivings still subsist in the minds of some people about his treatment of the matter, he can but console himself with the thought that he has only tried to satisfy the exigencies of Justice, Reason and Truth.

B (ii) DRAMATURGY AND CHARACTERISATION IN L'IMPOSTEUR AS SEEN BY THE LETTER

The author's studied indifference to Molière, the affected tone of neutrality and diffident manner of presentation in the *Avis* are in sharp contrast to the prevailing attitude in the letter proper. It is at once obvious that the stance of evenhandedness and self-depreciation are tactics chosen by a perspicacious, flexible and astute mind to promote what is more a whole-hearted offensive on Molière's behalf than an apologetic defence. Throughout the first part of the letter there is the liveliest and warmest appreciation of the range of his dramaturgical techniques and modes of characterisation, as a few examples will demonstrate. The endings to Acts I and II are admired because they leave the spectator in a state of extreme suspense and impatience about the status of Mariane's marriage with Valère, and possible reasons for its delay by Orgon [p.29]. The central objection of *dévots* to Panulphe's use of religious language for his own nefarious ends is treated with lucidity, circumspection and dramatic insight. After the argument against Molière's incorporation of such language in a comedy, the counter-argument is deftly placed in the mouth of putative spectators who are sufficiently intelligent to see that the words are uttered by an actor in a dramatic context, that one can no more attribute them to Molière than impertinent speeches from patently ridiculous characters, that, as in Antiquity, examples on stage of wicked behaviour provide a positive stimulus to correction, and finally, that any evaluation of the hypocrite's language must take into account the effect produced in the actual dramatic context. The cardinal principle is that once abstracted from context, nothing is easier than to condemn such language. In context, however, the effect is one of undiluted horror and therefore likely to be of moral benefit to the spectators [pp.33–8]. Thus does the writer shape the judgement of the reader on one of the most controversial aspects of the play by nullifying abstract judgement and concentrating on the interpretation of dramatic context.

The author is keenly sensitive to the playwright's use of irony, particularly in relation to Mme Pernelle and her son. He perceives at once the advantage to be gained from the ranting and raving of Mme Pernelle in the opening scene as she defends Panulphe and his ilk against the criticism of the family. It allows the spectator to adopt precisely the opposite point of view on them as the norm within the play to be followed by reasonable people:

> la passion qui l'anime lui fournissant des paroles, elle reüssit si bien dans tous ces caracteres si differens, que le Spectateur, ôtant de chacun d'eux ce qu'elle y met du sien, c'est à dire l'austerité ridicule du temps passé, avec laquelle elle juge de l'esprit et de la conduite d'aujourd'huy, connoist tous ces gens là mieux qu'elle-mesme, et reçoit une volupté tres sensible d'estre informé dés l'abord de la nature des personnages par une voie si fidele et si agreable [p.3].

Similarly, when her son's paean of praise tails off into incoherence in front of his brother-in-law, ('*c'est un homme ... un homme enfin*') [pp.18–19], the letter concludes that '... Panulphe est extremement un homme, c'est à dire un fourbe, un méchant, un traitre et un animal tres pervers dans le langage de l'ancienne comedie' [p.19].

It is interesting to note that the *dépit amoureux* between Mariane and Valère attracted criticism at the time as it has done since then, because it appeared 'hors de propos à quelquesuns dans cette piece' [p.26].[32] Once more, perceptive spectators are not lacking to point to the psychological and dramatic interest of the episode and its relevance to the theme of hypocrisy. It is seen to reveal that diversity of reaction to the same event so characteristic of human beings, the irony of fate which impels characters in difficulty towards divisiveness instead of union, the natural ineptness of the human mind, the arbitrary behaviour of Orgon who is anxious to break off a relationship he has encouraged, the ingratitude of hypocrites towards their benefactors. It is superior to all other comparable scenes because of its complete and rounded quality. Its genesis, development and dénouement are accomplished under the spectator's gaze without involvement of third parties, its simplicity and naturalness stem from 'la delicatesse et ... la force de la passion mesme' [pp.26–8]. Likewise, the scene between Orgon and Cléante in Act I in which Orgon tells how he met Panulphe and rhapsodically depicts his holiness, is said by some critics to be 'affecté, non necessaire, et hors de propos à quelques-uns' [p.15]. Fortunately there are as ever others who disagree, who maintain that 'la constitution de cette piece est si heureuse, que l'Hypocrite étant cause directement ou indirectement de tout ce qui s'y passe, on ne sauroit parler de luy qu'à propos' [p.15]. The means by which Molière prepares the dénouement, Panulphe's boast to Elmire, which Orgon overhears, that she need not bother about him since he, Panulphe, is able to make him believe anything, is praised for its psychological insight: 'Excellente adresse du Poëte, qui a appris d'Aristote qu'il n'est rien de plus sensible que d'estre mesprisé par ceux que l'on estime' [pp.59–60]. It is the dénouement to the play which is seen as Molière's supreme dramatic achievement, in which he has surpassed himself and equalled the Ancients, with the intervention of the king's emissary, the ironic request of Panulphe to him to discharge his duty leading to his own arrest, and the reassuring evidence of the monarch's just and penetrating regard for his subjects' welfare. Even at his most enthusiastic, the writer is careful to pretext the judgement of discerning spectators: 'tant il est vray, disent-ils, que le Prince est digne du Poëte, comme le Poëte est digne du Prince' [p.77].

There are many invaluable indications about the dramatic treatment of Panulphe and the ways in which the role was performed. The writer enthuses over Molière's ingenuity in retarding the entrance of his principal character until Act III: 'C'est peutestre une adresse de l'auteur, de ne l'avoir pas fait voir plutôt, mais seulement quand l'action est échauffée; car un caractere de cette force tomberoit, s'il paroissoit sans faire d'abord un jeu digne de luy; ce qui ne se pouvoit que dans le fort de l'action' [p.30].[33] The hypocrite's artistry as a consummate performer is admired, endowing him with a sense of the occasion and supreme self-assurance, which result in his infallible use of mien and speech appropriate to his audience. The supreme performer described as 'l'ame de toutes la plus concertée' [p.31], is also glimpsed as very human, as Dorine delivers Elmire's message to him: '... et il le reçoit avec une joie qui le décontenance, et le jette un peu hors de son rolle' [p.31]. Infallibility gives way to fallibility as he stresses his fleshly qualities to Elmire in their first rendezvous: 'Il s'étend admirablement là-dessus, et luy fait si bien sentir son humanité et sa foiblesse pour elle, qu'il feroit presque pitié ...' [p.41]. Their second scene in Act IV elicits high praise for both characters. Elmire commands admiration for the adroitness with which she turns their first interrupted meeting to her advantage, as does Panulphe for his gradual progress from dubiety at her welcome to interest in her avowal of love for him to 'un mélange admirable de passion et de défiance' [p.58] to the excitement of the chase as passion dominates: 'Elle répond en biaisant: il replique en pressant; enfin aprés quelques façons elle témoigne se rendre; il triomphe' [p.58]. He is still able to retrieve difficult situations: when Damis discovers him in amorous dalliance with Elmire, 'Panulphe paroit surpris et demeure muet, mais pourtant sans estre déconcerté' [p.42]. Silence under pressure underlines his self-control as he allows Elmire, Damis and Orgon to argue among themselves about what has happened, before the latter comes to him, 'qui cependant a medité son rolle' [p.42]. When finally confronted by an enlightened Orgon, '... le bigot ne se trouble point, conserve toute sa froideur naturelle, et ce qui est d'admirable, ose encore persister aprés cela à parler comme devant' [p.61].

The partisanship of the writer is most evident in his discussion of the characters and their actions. Panulphe is variously described as 'le bigot' (7 times), 'notre cagot' (5), 'le saint personnage' (3), 'l'hypocrite' (3), 'le saint homme' (1), 'ce bon Monsieur' (1), 'le dévot' (1), 'le galant' (1), 'zélé indiscret et ridicule' (1), as accepting the inheritance of Damis 'fort chrêtiennement' [p.45]. His acolyte M. Loyal is characterised as 'cet homme qui a tout l'air de ce qu'il est, c'est à dire du plus rafiné fourbe de sa profession, ce qui n'est pas peu de chose ... ', serving notice of eviction on the family with 'le plus grand respect et la plus tendre amitié du monde' [p.71] in 'cette detestable maniere' [p.72]. The tone adopted towards Panulphe and his ilk ranges from irony to contempt to admiration for their virtuosity. It changes abruptly in the cases of Mme Pernelle and Orgon to one of unfeigned derision. She is referred to slightingly as 'une (la) vieille' (8 times), 'ce ravissant caractere' (1), 'la bonne femme' (1), whose angry grimaces exhibit 'l'austerité ridicule du temps passé' [p.3], an example of a type of 'fieffez bigots' [p.9] devoid of sense and sensibility. Orgon is portrayed as a splenetic hollow domestic tyrant, the constant butt of irony on the part of the writer. His plan to disinherit Damis in favour of the hypocrite is termed 'ce beau projet' [p.44], his stoic determination to sacrifice his daughter to the hypocrite as 'cette belle resolution' [p.50]. Ecstasizing inanely about Panulphe to Cléante, he cannot comprehend a pejorative reaction he himself has created [pp.17–18]. His obtuseness in holding out against Elmire's offer to let him see Panulphe as he really is is heavily ironized as an 'objection admirable' [p.51], 'trait inimitable' [p.52], symbolic of the mentality of bigots. He is known condescendingly as 'le bon homme' (10 times), 'pauvre homme coëffé' (2), and 'pauvre homme' (1), and entitled 'ce bon Seigneur' (1) who belongs to the race of 'opiniatres' (2). By contrast, the three most prominent representatives of the family, Dorine, Cléante, Elmire, attract uniformly positive descriptions.[34] The servant is admirable in the manner in which she depicts Orgon's obsession with Panulphe to Cléante [p.12], expresses in earthy speech what others think, as for example when in the final act she applies to Orgon the lesson from Mme Pernelle's refusal to believe what even he now knows to be the truth about her holy man: 'sur quoy la Servante encore malicieusement comme il convient à ce personnage, mais pourtant fort moralement, dit au Mary, *qu'il est puni selon ses merites*' [pp.68–9]. The contrast between Cléante and his brother-in-law is total. In consultation with Dorine in Act I 'le personnage (Cléante) est toutafait heureux dans cette occasion' [p.12], he is 'le sage' [p.14], imparts 'des reflexions tres solides' on the differences between true and false religion [p.18] and on the incongruity between piety and wealth [p.50]. Faced with the hypocrite's specious reasoning about his acceptance of Damis' inheritance he reveals 'un emportement fort naturel' [p.47] and maintains 'cette excellente morale' [p.47]. When eviction looms in the final act, '[il] fait dans ces perplexitez le personnage d'un veritable honnête homme, qui songe à reparer le mal arrivé, et ne s'amuse point à le reprocher à ceux qui l'ont causé, comme font la plûpart des gens' [p.65]. He is warmly commended in Act V for rebuking Orgon as the latter vows never again to place his trust in religious people after Panulphe's betrayal of him, and for encouraging his brother-in-law to discriminate with more care between sincere and fraudulent piety [p.66–7].³⁵ Elmire is described in similar laudatory fashion, and is usually referred to as 'La Dame' (17 times). In particular, her sensitivity and irreproachable character attract praise in view of her difficult domestic situation. In spite of her indisposition, she has chosen to accompany her cantankerous mother-in-law, proving herself to be 'une vraye femme de bien, qui connoist parfaitement ses veritables devoirs, et qui y satisfait jusqu'au scrupule' [p.11]. When Orgon objects that Panulphe could not have made adulterous proposals to her in view of her subsequent calm demeanour, 'La Dame répond excellemment' [p.51], and when Dorine warns of the difficulty in trapping the hypocrite twice, 'la Dame répond divinement qu'*on est facilement trompé par ce qu'on aime*' [p.53–4]. Her diplomatic handling of the scenes with Panulphe evokes much admiration. In the first of these, which is interrupted by Damis, she begs him not to say anything [p.42], and in the second is able to build on her earlier reticence to induce in the hypocrite a sense of false security [p.55]. In the second scene with him, 'la Dame ... se sert merveilleusement de tous les avantages de son sujet et de la disposition presente des choses, pour faire donner l'Hypocrite dans le panneau' [p.55]. After Panulphe's self-incrimination in front of Orgon she retains her sense of decorum: 'La Dame, conservant toujours le caractere d'honnêteté qu'elle a fait voir jusqu'icy, paroit honteuse de la fourbe qu'elle a faite au Bigot, et luy en demande quelque sorte de pardon, en s'excusant sur la necessité' [p.61].

The feigned indifference of the *Avis* is further belied by the writer's interest in every detail of the characters' psychology, which often becomes the pretext for a moralistic remark of general import. In advance of Panulphe's first meeting with Elmire, the writer notes the sudden onset of love and 'les grands et beaux jeux que cette passion peut faire par les effets involontaires qu'elle produit dans l'ame de toutes la plus concertée' [p.31]. In the second, vestigial suspicion lingers in his mind, but gradually his passion begins to dominate: 'Enfin, insensiblement ému par la presence d'une belle personne qu'il adore, ... il commence à s'aveugler, à se rendre...' [p.57]. Both are variations of what is called 'l'amour brutal et emporté' [p.6]. In the opening scene, Mme Pernelle is stung to the quick by the attack on her elderly cronies who censure pleasures they are no longer able to enjoy. Her piqued retort is seen as an example of the subtle manner in which self-interest feigns to ignore personal application of a remark in order to discharge its spleen to its satisfaction:

> Comme cela touche la Vieille de fort prés, elle entreprend avec grande chaleur de répondre, sans pourtant témoigner se l'appliquer en aucune façon: ce que nous ne faisons jamais dans ces occasions, pour avoir un champ plus libre à nous defendre, en feignant d'attaquer simplement la these proposée, et à evaporer toute nostre bile contre qui nous pique de cette maniere subtile, sans qu'il paroisse que nous le fassions pour nostre interest [pp.7–8].

B (iii) THE PSYCHOLOGY OF RELIGIOUS HYPOCRISY

Throughout the letter, religious hypocrisy, its causes, nature and its ramifications, provides a recurrent theme. At its origin, lies the problem of the discrimination between appearances and reality in religion. The family, spectators, the playwright and the author of the letter all see Panulphe as he is but this is not quite the same optic as that of Orgon and his mother. The reasons which condition and obscure the perception of truth in the eye of the beholder, and the mechanisms by which illusion and error are sustained in his eyes, exercise a fascination over the writer. His perspective on Panulphe is resolutely that of the family, and he views him as an adventurer whose impecuniousness is commensurate with his ambitions. One senses however that this particular case of religious hypocrisy is commented on by the writer in a representative way. Panulphe is not viewed as an isolated phenomenon, but as symbolic and typical of a whole sub-culture of impostors and dissemblers, who choose to use religion to further their own ends. Thus the letter remarks on the fact that Panulphe has no talent to enable him to succeed legitimately, so he chooses the path of hypocrisy. It then goes on to state axiomatically that 'les bigots n'ont pour l'ordinaire aucune bonne qualité, et n'ont pour tout merite que leur bigoterie' [p.19]. In view of such lowly assets, the letter expresses stupefaction that such people aspire to lofty heights in society. It takes for granted their criticism of social attitudes, but rather than choosing to remain on society's periphery, they 'passent au delà sous des pretextes plausibles à s'ingerer dans les affaires les plus secretes et les plus seculieres des familles' [pp.10–11]. They have no scruples in accepting largesse from their benefactors and then using it to break up relationships in the same family to the detriment of innocent parties [p.27], or in violating the most sacred rights of family succession for the sake of base self-interest [p.48]. The thread running through all such actions is their cynical inversion of moral values, 'ce que les Panulphes pensent estre rectifié par la consideration seule de leur vertu pretendue, comme si l'iniquité devenoit innocente dans leur personne' [p.27]. The corollary of this is their superb disdain to give any reasons for their conduct other than those which are both plausible and specious. At the beginning of Act IV, Cléante seeks to convince Panulphe through well reasoned argument that it is wrong for him to accept Orgon's gift of that part of his estate belonging rightfully to Damis. He proves his point up to the hilt, but it is meaningless since his moral premise is inverted. Panulphe eludes effortlessly his grasp firstly by means of a casuistical distinction between forgiveness of Damis and heaven's interest and secondly by invocation of pressing religious duties. This is seen as 'un bel exemple de l'irraisonnabilité, pour ainsi dire, de ces bons Messieurs, de qui on ne tire jamais rien en raisonnant, qui n'expliquent point les motifs de leur conduite' [pp.48–9]. Orgon proves himself an adept disciple in the school of unaccountable equivocation, as he refuses to answer his brother-in-law's queries about Mariane's marriage: 'il ne luy répond qu'obliquement sans se declarer, et enfin à la maniere des bigots, qui ne disent jamais rien de positif, de peur de s'engager à quelque chose, et qui colorent toûjours l'irresolution qu'ils témoignent de pretextes de Religion' [pp.20–1]. Even when found out by Orgon in Act IV, Panulphe's determination to maintain his devout appearances and his brazen refusal to admit to any wrong-doing compel the author's admiration: 'Et c'est où il faut reconnoitre le supreme caractere de cette sorte de gens, de ne se démentir jamais quoy qui arrive; de soûtenir à force d'impudence toutes les attaques de la fortune; n'avouër jamais avoir tort; détourner les choses avec le plus d'adresse qu'il se peut, mais toujours avec toute l'assurance imaginable ...' [p.61] The success of Panulphe and of hypocrisy in general is seen to emanate from brilliant use and manipulation of two factors, the first internal to hypocrisy and the second external.

The first is the complete mastery of the appearances and trappings of religion, so that pious appearances not only become second nature, but nature itself, capable of adaptation to specific situations in furtherance of more general objectives. This essential desideratum is described as

> l'habitude que les bigots ont prise de se servir de la devotion et de l'employer partout à leur avantage, afin de paroitre agir toujours par elle. Habitude qui leur est tres utile; en ce que le peuple que ces gens-là ont en veuë et sur qui les paroles peuvent tout, se previendra toujours d'une opinion de sainteté et de vertu pour les gens qu'il verra parler ce langage, comme si accoutumez aux choses spirituelles, et si peu à celles du monde, que pour traiter celles-cy ils sont contraints d'emprunter les termes de celle-là [p.37].

Their success depends upon the shaping of religious appearances and language to the needs of the audience at a particular moment and place. Panulphe achieves this brilliantly, for the flamboyant language and pose he displays to Dorine are far from the elusive casuistry used to Cléante or the pastoral solicitude for Elmire, or the grotesque distortion of piety performed in church under Orgon's hypnotized gaze. Calculation of their interest determines ultimately their strategy. Consequently, Panulphe is less concerned with what the family think of him than with Orgon's opinion of him. The fact that the family are antagonistic towards him is only important because it consolidates his ascendancy over the perverse Orgon, who intimates to him that 'Faire enrager le monde est ma plus grande joie' (III,7,l.1173, 1669 version). The letter astutely situates the source of the authority of hypocrites outside themselves: '... qui, par une exacte connoissance de la nature de leur interest, ne veulent jamais agir que par l'autorité seule que leur donne l'opinion qu'on a de leur vertu' [p.49]. Unlimited self-indulgence is the fruit reaped from the mastery of appearances, as Dom Juan perceives in his analysis of the advantages of religious hypocrisy, which is 'un vice privilégié, qui, de sa main, ferme la bouche à tout le monde, et jouit en repos d'une impunité souveraine' (*Dom Juan*, V,2). As this character well understands, even if his pose is seen through, no-one dares to expose it because of the support of a closely-knit cabal. As with Dom Juan, so with Panulphe, in the shape of M. Loyal and his acolytes who form a monolithic entity as the letter shows when reflecting on the greater influence they wield in comparison to 'les gens de bien': 'parce qu'étant plus interessez, ils considerent davantage et connoissent mieux combien ils se peuvent estre utiles les uns aux autres dans les occasions; ce qui est l'ame de la cabale' [p.71].

The second factor ensuring the existence and success of religious hypocrisy is human credulity and weakness, 'parceque les hommes jugent des choses plus par les yeux que par la raison' [pp.61–2].[36] The manipulation of religious appearances by hypocrites is futile if those appearances do not act upon gullibility. (Panulphe's plangent display of religiosity in front of the worshipping Orgon in church is measured according to the degree of his dupe's temperament and susceptibility to sense impressions). Describing Orgon's tête-à-tête with Cléante in Act I, the letter marvels at the manner in which 'Panulphe gouverne absolument l'homme (Orgon) dont il est question' [p.15], to such an extent that it is never irrelevant to speak of the hypocrite throughout the play. Just as Panulphe tended to be seen by the writer both as a particular and as a representative hypocrite, so too Orgon is seen to function on two levels.

On the first, he is merely 'ce pauvre homme coëffé de Monsieur Panulphe' [p.10], to whom Cléante, strongly endorsed by the letter, reproaches 'l'extravagante estime qu'il a pour ce Cagot' [p.15].[37] On another level, his infatuation illustrates to the writer 'le pouvoir vraiment étrange de la Religion sur les esprits des hommes, qui ne leur permet pas de faire aucune reflexion sur les defauts de ceux qu'ils estiment pieux, et qui est plus grand, luy seul, que celui de toutes les autres choses ensemble' [p.20].

The strong emphasis of the letter on the need to exercise reason in the continual discrimination of true from false appearances in matters of religion connects it generally with the thought of La Mothe Le Vayer, the Sceptic philosopher and close friend of Molière (see Appendix II). The prevalence of credulity is one of his abiding themes, necessitating perpetual investigation by reason, which for him is 'le nerf et le membre principal de la prudence'.[38] But in no area of life is there such urgent need of its application as in religious belief: his contemplation of the scope it provides for credulity and folly in its adherents induces in him astonishment similar to that of the letter, in *Dialogue sur le subjet de la divinité*, one of his earliest dialogues: 'il ne s'en trouvera point qui descouvre davantage nostre imbécillité, parce que n'y ayant point de proportion du finy à l'infiny, et du Createur à la creature, l'immensité de cet object divin ... confond tout à fait nostre entendement, comme l'excez de la lumière du Soleil esbloüit et perd nostre veuë'.[39] There follows in the same dialogue a lengthy enumeration of the varieties of religious belief, which are all so many varied illustrations of what are described, in similar terms and tone of condescension as the letter employs to describe Orgon's attitude, as 'des differentes et extravagantes pensées des pauvres humains sur ce theme divin'.[40] Superstition is seen not just as rife in religion but as basic to the persistence of certain types of religious belief. Contemplating 'comme un grand Ocean le nombre immense et prodigieux des religions humaines' dialogist Orontes concludes that 'la moins humaine et la plus surnaturelle, pour ne dire extravagante, sera tousjours d'autant plus opiniastrement soustenuë, qu'elle tombera moins soubs l'examen de nostre raison, et que c'est par là qu'elle doit paroistre toute celeste'.[41] This is a most apposite formula underlying the hypocrite's control of Orgon's religious belief. From his narration to Cléante of his meeting in church with Panulphe (I,5), we see that the more grotesque and extravagant the hypocrite's posturings, the more firmly convinced does Orgon become that he is a holy man and that Cléante too should believe in him. In the 1669 play, his credulity culminates in the statement that Tartuffe teaches him complete detachment from the world and his family, to which Cléante replies 'les sentiments humains, mon frère, que voilà' (1.280). The writer of the letter would appear to share the same rational standpoint as Orontes and Cléante as he expresses delight that Orgon's praise of Panulphe serves only to persuade us of his own folly [pp.17–18].

The same inability to call his own judgement into question at any time runs through all Orgon's actions. Since he believes totally in Panulphe's holiness, it is eminently reasonable that everyone else in the family should do the same. On this doubly irrational basis, he deems Panulphe to be a most suitable husband for Mariane. Through his actions here, the letter discerns a familiar human tendency: 'nous jugeons des autres par nousmesmes, parce que nous croyons toûjours nos sentimens et nos inclinations fort raisonnables' [p.22]. When Orgon rejects his wife's account of Panulphe's conduct during their first meeting in Act III, on the grounds that if it were correct she would be overwrought, the letter comments 'Objection admirable dans la nature des bigots, qui n'ont qu'emportement en tout, et qui ne peuvent s'imaginer que personne ait plus de moderation qu'eux' [p.51]. In Orgon, credulity and stubbornness are two irrational manifestations of a hypertrophied *amour-propre* which the hypocrite tends skilfully for his own ends. In *Dialogue sur l'opiniastreté* Le Vayer considers the origin and effect of obstinate attachment to one's own opinion in the face of contrary evidence. His premise is that 'l'homme est un grand idolatre', a condition which proceeds from what he terms 'cette flatteuse idolatrie de ses fantaisies', which enables him to guard personal opinions dogmatically against encroachment by the truth.[42] Minds, like bodies, are viewed as being subject to incurable diseases, the most endemic of which is 'cette jalousie d'opinions'.[43] Le Vayer's remedy lies in the practice of scepticism as regards even his most cherished opinions: 'nous n'aurons point d'opinions plus suspectes que celles qui d'abord nous rient le plus, et qui d'ailleurs ont cet advantage d'estre les plus authorisées'.[44] The wish to impose his will on others is the basic reason why Orgon cannot remain within the bounds of reason on which Cléante speaks to him — to no avail — about Panulphe's imposture at the end of Act I. The letter thus sees him as an 'emporté' and 'opiniatre' in everything he does, for there can be no compromise and no half-measures to his totalitarian cast of mind. Thus Cléante, who does not share his religious outlook is deemed a 'libertin' as is Valère whom he does not see in church (ll.314,524, 1669 play). The letter makes a strong plea for tolerance in religious belief in its comments on the final scene in which Panulphe is finally apprehended by justice. Whereas Orgon vituperates against his erstwhile idol, Cléante expresses the wish that instead of the punishment he deserves, the hypocrite may be led to repentance: 'Conclusion, à ce que disent ceux que les bigots font passer pour athées, digne d'un ouvrage si saint, qui, n'étant qu'une instruction tres chrêtienne de la veritable devotion, ne devoit pas finir autrement que par l'exemple le plus parfait qu'on ait peutêtre jamais proposé, de la plus sublime de toutes les Vertus evangeliques, qui est le pardon des ennemis' [p.78]. The intolerant dogmatism of Orgon is subtly linked with those who oppose Molière's play and accuse him of impiety. Dogmatism is incompatible with the exercise of reason and charity. The letter and Molière's play are here in closest accord with Le Vayer as he cautions against categorizing those who do not share our religious opinions: '... on abuse souvent du mot d'impie quand on l'attribue à tous ceux qui pensent autrement que nous des choses divines, encore qu'elles soient problematiques et qu'ils s'en expliquent avec beaucoup de circonspection'. *Amour-propre* is at the origin of our intolerance of religious views other than our own, 'n'en reconnaissant point d'autres pour orthodoxes'.[45]

It is manifestly the conviction of Molière's play and the letter that it is neither atheistical or impious to use reason to discriminate true from false piety. It has been seen how warm the letter is in praise of Cléante's 'excellente morale' [p.47] to Panulphe, as he describes the actions of a true Christian. As Cléante reminds Orgon when taken to task for daring to criticize his holy man, 'C'est être libertin que d'avoir de bons yeux' (1.320,1669). For the letter, true religion not only requires the exercise of reason, it is reason raised to its highest level. In a remarkable passage in the second half of the letter, the writer defines his conception of religion as follows: 'Il est certain que la Religion n'est que la perfection de la Raison, du moins pour la Morale; qu'elle la purifie, qu'elle l'éleve et qu'elle dissipe seulement les tenebres que le peché d'origine a répandues dans le lieu de sa demeure: enfin que la Religion n'est qu'une Raison plus parfaite' [pp.83–4].[46] It is evident that reason is here not a theoretical concept but the practical and empirical criterion of conduct. Reason is used in its neo-stoical sense, designating a principle implanted by nature in man rendering the intellectual perception of true and false religion and the ethical choice between good and evil possible and obvious.[47] In theory, religion is viewed as the means by which reason is purified from the remaining vestiges of original sin. A more accurate idea of it however emerges from its practical application, as it is described in the preceding paragraph [pp.81–3]. There the writer combats the opinion of the devout who are opposed to religion being made the subject of a play. This opposition is — by an irony of ironies — ascribed to the prevalence of current corruption. On the contrary, reason and truth must not be relegated to schools and churches where their effect is minimized. They must jointly exercise their mission, which is to dispel error wherever they encounter it. Religion dispels the error of original sin, but the more reason dispels error the more it fulfills the function of religion.

Inherent in this argument is an apriorism originating as much from a wish to justify Molière treating a religious theme as from a secular definition of religion. The author's position may be reduced to the following three points: some people do not agree with religion as a subject for the theatre; but reason and religion have the same function, to dispel obscurantism; religion is reason at its highest level. The letter defines religion empirically, not dogmatically in terms of truth revealed to man from sources ultimately transcending reason. It is rather *scio* than *credo*, as it was for Pascal.[48] Its inadequate definition of religion accounts for the failure to recognize that Orgon's worship of the god Panulphe reveals a perverted instinct for salvation just as much as a chronic case of credulity. In the perspective of the letter, any attempt to seek salvation through anything other than rational means results in unnatural and aberrant behaviour. The author warmly approves of Cléante's advice to Panulphe, given with 'un emportement fort naturel' [p.47], that the latter should not seek to take heaven's interests more seriously than it does itself. Panulphe of course is an impostor, but it is precisely the tendency to relate each detail of one's life to conscience and heaven's will which is a source of profound incomprehension and irritation to the author, who professes astonishment to discover 'de quelle maniere les Bigots savent interesser la conscience dans tout ce qu'ils font et ne font pas' [p.65]. The letter is written from a point of view which is highly sensitive to the intrusion of religion into life in any other guise than that of reason. Le Vayer likewise waxes indignant in *De la dévotion* about alleged Christians who, carried away by zeal, wish to know the secrets of the Almighty: 'Plût à Dieu que nous eussions moins de sujet de remarquer combien le spécieux prétexte du zèle de la Religion couvre au temps où nous sommes de dangereuses intentions. Mais quand ces mêmes intentions ne seroient pas si mauvaises, un zèle inconsidéré n'est jamais agréable à Dieu'.[49] Most problems arise from 'une vaine recherche ... de tout ce qui concerne la Théologie', resulting in conflict of belief and reason. Instead of trying to scale the walls of heaven, it is more prudent to recognize that we can at best speak improperly of God and that abject humility on our part is likely to be more pleasing to him.[50]

The letter sees the right use of reason continually threatened by the dominance of passion as illustrated in Orgon and his mother. Both characters are perpetually in the grip either of anger towards the family or ecstasy towards Panulphe. Both make passionate and ludicrously counterproductive attempts to convince others of Panulphe's holiness, and end up instead by convincing family and spectators of his hypocrisy [pp.4–9, pp.17–18]. Diversity of reaction on the part of characters to the same phenomenon is seen to depend on whether they apprehend events through the prism of reason or of passion. Such diversity is one of the recurrent themes used by the Sceptic Le Vayer to underline the fallibility of judgement: 'La raison nous faict voir d'une maniere, ce que la passion nous crayonne d'une autre; l'amour nous fait trouver beau ce que la haine nous rend difforme; et il y a peu de choses que nous ne revestions ainsi de nos propres qualitez au mesme temps que nous les envisageons'.[51] (One of the attractions of worship of the hypocrite for Orgon is that it gives rein to his own despotic whims in the household). With reference to Orgon's misperception of the hypocrite Cléante reflects in the final version that

> Les hommes la plupart sont étrangement faits!
> Dans la juste nature on ne les voit jamais;
> La raison a pour eux des bornes trop petites;
> En chaque caractère ils passent ses limites;
> (I,5,ll.339-42)[52]

Reason resides in particular in refusing to allow judgement to be undermined by subjective passion and prejudice and in general in resisting the temptation to be wiser than the human condition permits. When Orgon steels himself against Mariane's plea not to marry her to Panulphe, the letter describes the 'trait admirable de l'entêtement ordinaire aux bigots, pour montrer comme ils se défont de toutes les inclinations naturelles et raisonnables. Car celuy cy, se sentant attendrir, se ravise tout d'un coup, et se disant à soy-mesme, croyant faire une chose fort heroïque: *Ferme, ferme, mon coeur, point de foiblesse humaine*' [pp.49–50]. Orgon attempts to adopt a Stoic-like pose of apatheia or freedom from passion. It is evident that the writer does not share the Stoic view of passions as perturbations of mind contrary to right reason and nature.[53] The right use of reason does not imply extirpation of them, rather their constant control. The application of moral absolutism to infirm human nature, whether by Stoicism or Jansenism, is inimical to the vision of man in the letter. On the one hand, it is impossible to be totally rational as the Stoics pretend. On the other, human nature is accepted in its entirety as essentially good and a correct use of reason may control the passions. For the Jansenists, on the contrary, to follow reason was still to leave intact 'ce figmentum malum' which rendered good works null and void.[54] Cléante's approval goes entirely to Christians who, unencumbered by dogmatic approaches to human nature, produce good works, allowing others to live without interference: 'On les voit, pour tous soins, se mêler de bien vivre' (l.398, 1669). The letter describes him as 'le sage' [p.14]. The emphasis on natural reason as the best though by no means infallible guide in life favours a rational and relative ethic which echoes that of Le Vayer. The passions are accepted as an integral part of human nature: 'leurs transports peuvent être utiles si la raison n'y est point offensée, et qu'elles n'agissent que pour un bon motif'.[55] Stoicism he dismisses as unrealistic in its pretensions to extirpate all faults from human nature, and he condemns the Jansenists for making good actions dependent on divine grace and for treating all other actions as sin in disguise. In *De la vertu des payens* (1641), written at Richelieu's instigation against Jansenist theology, he deems it sufficient to follow 'la lumière naturelle', to 'aimer Dieu de tout son coeur et son prochain comme soi-même' to qualify for salvation.[56]

Elsewhere, he extols the virtues of charity towards those who disagree with us instead of the promotion of argument.[57] It is the same principle which provides the letter's final thrust in its argument against the opponents of religion in the theatre. By depriving the audience of the sanctifying effects of Molière's play, such overscrupulous people do not exhibit the appropriate Christian attitude. It is charity, 'cette Souveraine des ames chrêtiennes' [p.87] which transforms the theatre into a sanctuary, a place of prayer. The letter picks up with evident relish the disparity between the cardinal principle of the Christian religion and the vituperation of religious people against Molière and his play [pp.80–2, pp.85–6]. Molière makes the same point in his *Premier Placet* (1664) as he depicts 'le zèle charitable' of P.Roullé, who advocated burning the playright, and the *Préface* (1669), where he claims that the devout damn him daily out of charity.[58] The Cléante of 1669 commends those undemonstrative people who practise charity in their daily lives:

> L'apparence du mal a chez eux peu d'appui,
> Et leur âme est portée à juger bien d'autrui. (ll.395–6)

C. RELIGION AND THE THEATRE IN XVIIth CENTURY

If the author hedges his remarks on the issue of religion in the theatre with so many qualifications and disclaimers, the reason is that he knew well that he was entering a veritable theological minefield. Henri Busson has reminded us that in the seventeenth century, people lived in an age of theological awareness.[59] The theatre could not be immune from such an atmosphere, which at best strove to modify it, at worst to eliminate it. In the thirty or so years preceding the play, concentrated attempts had been made to improve the moral status and respectability of the theatre and actors. Before 1630, according to the critic and theoretician of the theatre, the abbé d'Aubignac, no self-respecting woman would have ventured there.[60] During the rule of Cardinal Richelieu, who agreed with St Thomas Aquinas that 'Ludus est necessarius ad conservationem humanae vitae', the theatre was encouraged to become both a means of instruction and amusement.[61] Under Richelieu, wrote the abbé, the stage forfeited its blemishes and deformities to be reborn in innocence.[62] In particular, under the Cardinal Prime Minister the moral and civic stigma attaching to actors from Roman times was lifted, together with the prohibition to enter holy orders. The royal declaration of 16 April 1641, inspired by Richelieu, was explicitly favorable to them: '... nous voulons que leur exercice, qui peut innocemment divertir nos peuples de diverses occupations mauvaises, ne puisse leur être imputé à blâme, ni préjudiciable à leur réputation dans le commerce public'.[63] The controversy over *Le Cid* with the attendant opprobrium from the Académie Française in the form of Chapelain's *Sentiments de l'Académie sur le Cid* (1637), revolved around the internal quarrel in the theatre about the means to be used to achieve a moral end. Corneille's critics maintained that pleasure was not an end in itself but an instrument of virtue, whereas Corneille asserted that the moral aim, which the audience should be allowed to deduce for itself, was incidental to the aesthetic purpose of the play. He did not disagree with the ends prescribed to the play, but simply with the means advocated for attaining them.[64] With the failure of *Théodore* in 1645, Corneille found reason to applaud the purity of the standards by which his character's immoral status was condemned.[65] The debate between the theoreticians and practitioners accepted the moral utility of the theatre, and it was not until the decade of the 60s that a concentrated attack was mounted on the validity of its existence.[66] This was anticipated by a considerable hardening of attitude towards the theatre on the part of many ecclesiastics from the middle of the century onwards, as Jean Dubu has so well demonstrated.[67] It found a curious form of expression, through the Ritual of Pope Paul V (1614), the function of which was to detail the valid administration of sacraments and Christians from whom they should be withheld, among whom actors did not figure. It was to become a model for the French Bishops. By 1649 the dioceses of Châlons had published a Ritual with the list of people to whom the eucharist was to be refused, and it now included actors. Gondi, Archbishop of Paris, followed suit in 1654 in the second edition of his Ritual, the same one which was used to deny Molière a Christian burial in 1673 because no public penance and recantation of his profession had been made. It was also used in 1693 to force the actor Raisin to sign a statement recanting his profession in front of two lawyers.[68]

The change in the theological climate was evidenced by the opposition to Molière of the critic who in a previous generation had done much to improve the standing of the theatre - D'Aubignac. His *Dissertation sur la condamnation du théâtre* (1666) saw the theatre as falling into that corruption from which he had tried to rescue it through his reforms. One of these had been the suggested appointment of a Directeur, Intendant or Grand Maître des Théâtres et des Jeux publics de France whose responsibility it would have been to censor plays and test the moral rectitude of new actors and playwrights.[69] It was no doubt with the first version of *Le Tartuffe* in mind that he wrote in February, 1665:

> Je ne dis pas seulement qu'une pièce entière qui serait contre la mauvaise dévotion serait mal reçue, mais je prétends qu'un seul vers, une seule parole qui mêlera quelque pensée de religion dans la comédie blessera l'imagination des spectateurs, leur fera froncer le sourcil et leur donnera quelque dégoût. Nous en avons eu l'expérience en des poèmes que l'on a depuis peu représentés, et nous le savons encore par la lecture d'un autre, fait avec beaucoup d'art et d'esprit contre la mauvaise dévotion [*Tartuffe*]; celui-là même que l'on avait fait voir au public où l'on avait dépeint le caractère d'un impie châtié sévèrement par un coup de foudre, [*Dom Juan*] a donné beaucoup de peine aux gens de bien et n'a pas fort contenté les autres.[70]

Molière's former patron in Languedoc, the Prince de Conti, once converted, came under the direction of the rigorist Bishop of Aleth, Nicholas Pavillon, whose Rituel d'Aleth (1667) condemned all who attended plays and refused the eucharist and burial to actors.[71] His posthumous *Traité de la comédie et des spectacles* (1666) attacked the arousal of the passions by the theatre, in contrast to religion which aimed to minimize their pernicious effect. He criticized his former protégé for importing decadence onto the stage, thus destroying the relative moral decency obtaining under Richelieu.[72] Pierre Nicole entered the polemics at the end of 1665 with his criticism of Desmarets de Saint-Sorlin as 'un empoisonneur public, non des corps, mais des âmes des fidèles'.[73] Racine's reply, *Lettre à l'auteur des hérésies imaginaires*, questioned Nicole's rejection of all activities not relating directly to the spiritual life in terms which anticipate the penultimate paragraph of Molière's *Préface* to *Le Tartuffe* (1669) about the psychological necessity for *divertissement*. In his *Traité de la comédie* (1667) Nicole set out to deal astringently with attempts like that of the Jesuit Père Le Moyne in *La dévotion aisée* (1652) to conciliate piety with worldly interests such as the theatre. He could not concede the need for *divertissement* to be raised by Molière: 'Ceux qui sentent en eux ce besoin, le doivent considerer non comme une foiblesse naturelle, mais comme un vice d'accoutumance, qu'il faut guérir en s'occupant serieusement'.[74] Central to the illusory need to frequent the theatre is the arousal of the passions which proceed from original sin and which are excited principally through the depiction of love. It was precisely on this point that Corneille in his *Préface* to *Attila* (1668) thought it necessary to combat this argument 'pour fermer la bouche à ces ennemis d'un divertissement si honnête et si utile': while admitting that love is normally central to a play, 'l'amour dans le malheur n'excite que la pitié, et est plus capable de purger en nous cette passion que de nous en faire envie'.[75] For Nicole, there is no possibility of actors also being Christians, since the language and action of a play leave permanent deleterious impressions on their minds as well as on their audiences'. The 'galanteries' seen on stage serve to turn the heads of women and to undermine marriages.[76] The letter cleverly turns to advantage both these objections to the theatre. It praises Molière's 'veneration solide pour la Religion', and claims that by ridiculing the blandishments of the Panulphes of the world, his play serves as a means of protecting women from the guile of seducers.[77] The letter's defence of the theatre could not offer a deeper contrast to the stern theological approach of Nicole, who perceived the issue in terms of the absolute opposition between the world and God. It eschews astutely dogmatic pronouncements, transposing the debate from the theological to the secular level, where Reason and Truth take the place of dogma. In a direct response to the Premier Président who, while conceding that Molière's play was 'fort belle et instructive' had denied the theatre the right to teach about Christian morality, the letter expresses incredulity that people can find no fault with the play and still condemn it 'à cause seulement qu'il y est parlé de la Religion, et que le Theatre, disent-ils, n'est pas un lieu où il la faille enseigner'.[78] The *Préface* of 1669 makes the same point as it contests the authority of opponents of his play to affirm that true and false religion is not a fitting subject for the theatre: '... ces messieurs tâchent d'insinuer que ce n'est point au théâtre à parler de ces matières; mais je leur demande, avec leur permission, sur quoi ils fondent cette belle maxime'.[79] Molière's refusal here to accept dogmatism uncritically owes much to the resolutely rationalist approach of the letter, whose essential argument in favour of religion being treated in the theatre consists of three principal points enunciated in magisterial fashion:

1. Molière has produced an accurate depiction of a social blemish, religious hypocrisy, and has taken infinite precautions to distinguish his hypocrite from true Christians, out of genuine respect for religion. It is therefore irrational to condemn the play on the ground that one is not accustomed to see or hear religious matters being discussed in the theatre.[80]

2. Such prejudice springs from a misplaced sense of decorum and is a consequence of contemporary corruption, which would limit Reason and Truth to churches and colleges where their potency is virtually wasted, since everyone in those places acknowledges their authority.[81]

3. Reason and Truth must enjoy unfettered freedom in order to dispel error wherever it is encountered. It is conceded that religion has appointed times and places for its ceremonies, yet its truths belong to all times and places. To the objection that it does not behove the theatre to preach the gospel, the letter proclaims the lofty mission of Reason and Truth to appear as the eternal light dissipating darkness, as the eternal word to be made known to all men everywhere, as charity, 'cette Souveraine des ames chrêtiennes' which knows no bounds or prejudice or false dignity, seeking to sanctify those who languish in places unworthy of her presence.[82] Having previously secularized the function of religion into one of moral teaching, the sphere of its operations is also secularized. The work of secularization is reinforced by the contention that Molière's use of religious language in the mouth of Panulphe is both necessary and appropriate and that the moral teaching of the play is more effective in the theatre than in more conventionally religious settings.[83]

With reference to Panulphe's use of religious terminology in his scenes with Elmire, the letter argues that Molière is using the actor to express a perverted manipulation of the language of piety for a specific purpose and in a particular context. When usage and context are examined, his intention to disabuse the spectators about the real nature of hypocrisy is patent.[84] Molière evokes the same objection in the *Préface*: 'On me reproche d'avoir mis des termes de piété dans la bouche de mon Imposteur. Et pouvais-je m'en empêcher, pour bien représenter le caractère d'un hypocrite? Il suffit, ce me semble, que je fasse connaître les motifs criminels qui lui font dire les choses, et que j'en aie retranché les termes consacrés, dont on aurait eu peine à lui entendre faire un mauvais usage'.[85] For the letter and Molière, Reason Truth and Art are sufficient to ensure that no confusion arises in the mind of the unbiased spectator.

The letter contends strenuously that traditional moral teaching with its hortatory approach is largely ineffectual in preventing the occurrence of adultery and it is here that the play carries greater weight:

> ... les Predicateurs foudroyent, les confesseurs exhortent, les Pasteurs menacent, les bonnes ames gemissent, les parens, les maris et les maitres veillent sans cesse, et font des efforts continuels aussi grans qu'inutiles pour brider l'impetuosité du torrent d'impureté qui ravage la France; et cependant c'est étre ridicule dans le monde que de ne s'y laisser pas entrainer; et les uns ne font pas moins de gloire d'aimer l'incontinence que les autres en font de la reprendre. Le desordre ne procede d'autre cause que de l'opinion impie où la pluspart des gens du monde sont aujourd'hui, que ce peché est moralement indifferent, et que c'est un point où la Religion contrarie directement la Raison naturelle. Or pouvoit-on combattre cette opinion perverse plus fortement qu'en découvrant la turpitude naturelle de ces bas attachemens, et faisant voir par les seules lumieres de la Nature, comme dans cette Comedie, que non seulement cette passion est criminelle, injuste et déraisonnable, mais même qu'elle l'est extremement, puisque c'est jusques à en paroitre ridicule?[86]

The same argument about the efficacy of ridicule on corruption is reproduced in the *Préface*:

> Les plus beaux traits d'une sérieuse morale sont moins puissants, le plus souvent, que ceux de la satire; et rien ne reprend mieux la plupart des hommes que la peinture de leurs défauts. C'est une grande atteinte aux vices que de les exposer à la risée de tout le monde. On souffre aisément des répréhensions; mais on ne souffre point la raillerie. On veut bien être méchant, mais on ne veut point être ridicule.[87]

The humanist spirit and rationalist approach of letter and *Préface* are in complete harmony with La Mothe Le Vayer's justification of the theatre, contained in a letter published in 1654 to an anonymous correspondent who happens to be a young playwright, whose early productions in Paris have been greeted with carping criticism.[88] It offers six major points of analogy with the *Lettre* and *Préface* and points to a common source of secular teaching about morality derived from classical authors.

1. The civilising and correcting influence of the theatre is emphasized:

(a) Le Vayer: 'La comédie (ce mot comprend pour nous toutes les pieces de Théatre) est dans sa représentation de la vie civile fort instructive, et je la trouve d'autant plus digne de notre attention, qu'Aristote nomme en quelque endroit l'homme ... le plus naïf à imiter et à représenter de tous les animaux'.[89]

(b) The *Lettre* quotes with manifest approval the conviction of those who say that:

> le Theatre est l'école de l'homme, dans laquelle les Poëtes, qui étoient les Theologiens du Paganisme, ont pretendu purger la volonté des passions par la Tragedie, et guerir l'entendement des opinions erronées par la Comedie; que pour arriver à ce but ils ont crû que le plus seur moyen étoit de proposer les exemples des vices qu'ils vouloient détruire; s'imaginant, et avec raison, qu'il étoit plus à propos, pour rendre les hommes sages, de montrer ce qu'il leur faloit eviter, que ce qu'ils devoient imiter.[90]

The civilising power of the theatre rests in the poet's capacity to delineate the failings of his fellows in such a way that they are encouraged to correct them. Such faith in the reason of poet and audience to ameliorate attitudes contrasts strangely with Nicole's total mistrust of human nature, forever a prey to passion and error.[91]

(c) Molière's *Préface* evinces the same optimism about the corrective power of the theatre: '... nous avons vu que le théâtre a une grande vertu pour la correction ... [la comédie] ... n'étant autre chose qu'un poème ingénieux, ... qui par des leçons agréables, reprend les défauts des hommes'.[92]

2. To justify the moral value of the theatre, the close relationship which it has enjoyed with religion since time immemorial is underlined:

(a) Le Vayer looks to the example of its divine-like status enjoyed in ancient Greece: 'Aussi servoit-il autrefois à faire voir les Dieux du Paganisme avec la même majesté qu'il leur attribuait dans le Ciel. Et la Théologie de ce tems-là ne croioit qu'on pût mieux les appaiser qu'avec des pieces de Théatre'. With this religious function of ancient Greek theatre one may compare the phrase of the second part of the *Lettre sur la comédie* which tells us of the sacralizing function of Truth and Charity, able to make 'un sanctuaire d'un theatre et un sejour de benedictions et de graces d'un lieu de débauche et d'abomination'.[93]

(b) The *Lettre* likewise places great stress on the interrelationship between religion and the theatre in Antiquity:

> ... et les Payens, qui n'avoient pas moins de respect pour leur Religion que nous en avons pour la nôtre, n'ont pas craint de la produire sur leurs theatres; au contraire, connoissant de quelle importance il êtoit de l'imprimer dans l'esprit du peuple, ils ont crû sagement ne pouvoir mieux lui en persuader la verité que par les spectacles qui lui sont si agreables. C'est pour cela que leurs Dieux paroissent si souvent sur la Scene; que les denoüements, qui sont les endroits les plus importans du Poëme, ne se faisoient présque jamais de leur tems que par quelque Divinité; et qu'il n'y avoit point de piece qui ne fût une agreable leçon et une preuve exemplaire de la clemence ou de la justice du Ciel envers les hommes.[94]

The letter then traces the origins of the theatre to the early mystery plays: '... nos peres, ... voulant profiter à l'edification du peuple de son inclination naturelle pour les spectacles, instituerent premierement la Comedie, pour representer la Passion du Sauveur du monde et semblables sujets pieux'.[95]

(c) Molière follows the two stages of the letter's argument in his *Préface*, proceeding from religious origins in Antiquity to modern mystery plays. Referring to opponents of the theatre, he writes that

> ... il ne serait pas difficile de leur faire voir que la comédie, chez les anciens, a pris son origine de la religion, et faisait partie de leurs mystères ... et que même, parmi nous, elle doit sa naissance aux soins d'une confrérie à qui appartient encore aujourd'hui l'Hôtel de Bourgogne, que c'est un lieu qui fut donné pour y représenter les plus importants mystères de notre foi.[96]

Just beneath the surface of the apology for the theatre of all three texts lies the implicit notion of the equivalence of Pagan and Christian religious values. The *Lettre* and Le Vayer's letter express this similarly: the former describes playwrights of Antiquity as 'les Theologiens du Paganisme' (1(b)) and emphasizes the equivalent respect they had for their religion (2(b)). The latter writes of 'la Théologie de ce tems-là' (2(a)), and Molière sees Christian mystery plays as growing naturally out of the ancient theatre (2(c)).

3. The status of poets and actors in classical times was high.

(a) Le Vayer links it to 'la Théologie de ce tems-là' (2(a) above). To ensure that they were pleasing to their religion, actors were obliged to be morally irreproachable, and were highly honoured as a result. 'Scipio L'Africain', i.e. Scipio Africanus the Younger, is quoted as a writer of plays.[97]

(b) The *Lettre* describes poets as 'les Theologiens du Paganisme' and comes close to granting priestly status to Molière. If the theatre has forfeited the piety of its sacred origins, asks the writer:

> pourquoi, si nous sommes assez heureux pour que le Ciel ait fait naitre dans nos tems quelque genie capable de lui rendre sa premiere sainteté, pourquoi l'empêcherons-nous et ne permettrons-nous pas une chose que nous procurerions avec ardeur, si la charité regnoit dans nos ames et s'il n'y avoit pas tant de besoin qu'il y en a aujourd'hui parmi nous, de décrier l'hypocrisie et de prêcher la veritable devotion?[98]

(c) The *Préface* quotes the eminence of playwrights in the antique theatre, and although Scipio is not mentioned by name, it was widely believed in the seventeenth century that he had collaborated with Terence in the writing of plays: 'elle (l'antiquité) nous apprendra que de ses plus grands hommes, et des premiers en dignité, ont fait gloire d'en composer eux-mêmes ...'[99]

4. The prestige of the theatre in Antiquity is further evidenced by the pre-eminence given to it in national life:

(a) Le Vayer: 'Les Grecs entre tous les Anciens, ont excellé aux Comédies, et parmi eux les Atheniens s'y plaisaient de telle sorte que, si nous en croions Plutarque, ils y ont plus dépensé qu'en toutes leurs guerres'.[100]

(b) The *Lettre* is unstinting in its praise for the honour and respect accorded to the theatre by the ancients: 'L'Antiquité, si sage en toutes choses, ne l'a pas été moins dans celle-ci (that is, in the veneration accorded to the theatre) que dans les autres'.[101]

(c) The *Préface* echoes this praise of the honoured position in society occupied by the antique theatre: '... la Grèce a fait pour cet art éclater son estime par les prix glorieux et par les superbes théâtres dont elle a voulu l'honorer ...'[102]

INTRODUCTION 31

5. The authority of Aristotle is present in all three apologies:

(a) Le Vayer quotes his example as demonstrating the moral value to be derived from the theatre (see 1(a) above).

(b) The *Lettre* quotes the purgation of the passions effected in the theatre (see 1(b) above) and states that Aristotle and other philosophers have written on the nature of the ridiculous.[103]

(c) The *Préface* cites the example of Aristotle '[qui] a consacré des veilles au théâtre, et s'est donné le soin de réduire en préceptes l'art de faire des comédies'.[104]

6. Le Vayer, the *Lettre* and the *Préface* all insist that if the theatre has fallen into licentious ways, that does not constitute an adequate reason for general condemnation of all its productions:

(a) Le Vayer: 'Mais pourquoi me voulés-vous faire passer pour un ennemi declaré du Théatre et de ses représentations, moi qui n'en ai jamais condanné (sic) que les abus, dont les meilleures choses, et même les plus saintes ne sont pas toûjours exemtes?'[105]

(b) The *Lettre* evokes the happy time when the theatre performed plays of religious inspiration for the edification of the audience: 'Que si la corruption qui s'est glissée dans les moeurs depuis ce tems heureux a passé jusqu'au Theatre et l'a rendu aussi profane qu'il devoit être sacré, pourquoi ... l'(Molière) empêcherons-nous ... de prêcher la veritable devotion?'[106]

(c) The *Préface* concedes the same particular point as Le Vayer regarding periods of moral decadence in the theatre (see 6(a) above): 'J'avoue qu'il y a eu des temps où la comédie s'est corrompue', before proceeding to make the same general point about the corruptibility of every human activity: 'il n'y a chose si innocente où les hommes ne puissent porter du crime, point d'art si salutaire dont ils ne soient capables de renverser les intentions, rien de si bon en soi qu'ils ne puissent tourner à de mauvais usages'. The same reference to corruptibility in religious matters follows: 'Et qu'est-ce que dans le monde on ne corrompt point tous les jours? Les choses mêmes les plus saintes ne sont point à couvert de la corruption des hommes'.[107] In contradistinction to writers such as Nicole and Pascal who warn of the incompatibility between the theatre and the Christian life, Le Vayer, the *Lettre* and Molière all place great stress on the educational value, the moral innocence, the existential necessity of plays, and the playwright's ability to handle even the most sensitive of religious issues.[108] In the face of the onslaught on the theatre, their views converge to represent a well-organized, coherent and articulate apologia for humanist values freed from the dogma of religion.

D. THE NATURE AND PERCEPTION OF THE RIDICULOUS

The final part of the letter comprises a lengthy argument in favour of the play's morality, held to act as a strong bulwark to marriage against the illicit love affairs of Panulphe and his ilk. The argument is a closely knitted one, with a leitmotif around which cluster a series of interconnected minor themes. It will be helpful to summarize briefly the stages through which it progresses before describing its origins and originality.

A. The premise is provided by the notion that nature (or 'la providence de la Nature' [p.98]) enables us to discern what is reasonable in human conduct. The visible sign of the reasonable lies in the source of pleasure found in any moral activity. Reason impels us towards right conduct, producing a mixture of joy and esteem stemming from the knowledge of truth and virtue. When we perceive the converse, that which lacks reason, we experience a mixture of joy and scorn, and perceive the ridiculous aspect of the unreasonable action. The ridiculous is the sign of unreasonable behaviour, whereby we are induced to avoid it. To ensure this, we have to know its opposite, *convenance* or congruity, the external sign of which is *bienséance*. The essence of the ridiculous is *disconvenance*, or incongruity. The gallantry and hypocrisy of Panulphe are ridiculous for two reasons: on account of the perceived disparity between devout appearances and hypocritical essence, and the failure of his plan to seduce Elmire, which points up the *disconvenance* between his ends and means [pp.98–102].

B. The principles are now laid for the writer's theory of the comic, and the moral effects deriving from it. The moral benefit from Panulphe's ridiculous state transcends the play by far, reaching into every area of society. The reason for this is to be found in the psychological processes at work in the spectator's perception and appreciation of incongruous and ridiculous behaviour.

1. Once the soul ('l'âme', which appears to designate the cognitive faculty but also embraces what we now term the unconscious), has perceived the hypocrite's incongruity, it is capable of connecting similar subsequent occasions of seduction with his performance in the play. The explanation for this is to be found in the fact that imagination is the storehouse of the ridiculous ('le receptacle naturel du Ridicule' [p.104],

distinct from, but acting on,'l'âme');[109] when attitudes similar to Panulphe's are viewed, imagination fuses the events of the play inopportunely with the later occasion, and this unexpected fusion provides the soul with the pleasurable but illogical double vision of two separate situations superimposed on each other. It is the fusion of hitherto unrelated elements which provides the stimulus to trigger off our perception of the ridiculous [pp.101–6].

C. Such is the persistence of bias ('prevention') imparted to the spectator by the perception of the ridiculous that he at once recognizes the hypocrite's arguments albeit set in a different framework. Even if the soul were to distinguish between the situations and the subjects, its initial movement is crucial, for its memory of the ridiculous serves to sever brutally any attraction to the arguments of passion. The ridiculous sounds the death-knell to passionate involvement, and leaves us with impressions which outlast the moment of perception [pp.106–12].

D. The culminating point in the argument is reached with the statement that if the ridiculous resides in incongruity, then it follows that all lying, pretence, knavery, dissimulation are essentially ridiculous because they signal a disparity (*contrariété*) between appearances and reality [p.114].

E. The appeal of the ridiculous consists in the natural pleasure our pride experiences from being superior to others deemed to be in ignorance and error. It is founded on a comparison with others resulting in advantage to ourselves [pp.115–18].

F. It is begging the question to object that the sequence of perceptions and feelings does not take place as outlined, since they are only experienced at the actual time at which we perceive what is ridiculous. Even then, we need not be aware of them, since it is only our actions which provide evidence for their existence. The soul's operations occur largely without visible trace, and only come to light with the subsequent reflections of reason on them [p.118–119].

G. Comedy achieves what preachers, moralists, parents, spouses are unable to, by not only demonstrating the unreasonable nature of the prevalent immoral behaviour in the country, but especially by pointing up its ridiculous aspects [pp.119–20].

From this intricate argument, we find three features of unusual interest, which anticipate some twentieth-century theories of the comic. Firstly, unlike many theoreticians, the writer does not locate the ridiculous purely in contrast or contradiction, the visible surface manifestations of a *vis comica*. When we perceive Panulphe the holy man and the lecher at one and the same time, our reason is offended by the *contrariété* or *disconvenance*. Reason cannot countenance the contradiction, but imagination can not only entertain the irreconcilable perceptions as paradox ('toute apparence differente du fond, ... toute contrarieté entre actions qui procedent d'un même principe' [p.114]), but can also extend them to apparently unconnected situations. The role of the imagination in fusing hitherto unrelated elements to form the basis for comedy and laughter comes close to modern theories of laughter by Henri Bergson and Arthur Koestler (see *Lettre*, note 283). Secondly, the perception of the ridiculous through the fusion of previously unrelated elements owes much to operations of mind and imagination of which we remain largely unconscious, and again is closely related to modern thought on the comic (see *Lettre*, note 283). Thirdly, the theory of the ridiculous expounded is not purely an intellectualist one as has sometimes been thought but is rather couched in moral premises.[110]

We extract the premise A and conclusion D for specific comment. In the premise, nature provides us with the means of knowing what is reasonable in conduct, which, when followed, becomes a source of pleasure to us: 'elle a voulu donner à cette Raison quelque sorte de forme exterieure et de dehors reconnoissable. Cette forme est en general quelque motif de joie et quelque matiere de plaisir que nôtre ame trouve dans tout objet moral' [p.97]. It is interesting to see that Le Vayer elaborates the rational framework for the division of the good (the reasonable) and the evil (the unreasonable) from which the moral conclusion (D) of the letter derives:

> La Vertu morale est une habitude ou une disposition constante qui nous fait agir selon la raison. Cette définition nous donne à connoitre celle du Vice, qui comme contraire à la vertu, n'est rien qu'une habitude au mal, et à des actions déraisonnables ... La Vertu Morale ... vise à ce qui est bon, beau, ou plaisant ... Il y a pourtant cela de commun entre la Vertu et le Vice que celui-ci commence et l'autre acheve par le plaisir. Mais la joie qui procede du Vice est fort courte, et celle qui suit la Vertu demeure éternellement.[111]

The striking originality of the letter lies in the extension of the classical rational basis for good and evil actions to the domain of what is ridiculous and congruous in conclusion D, i.e. 'si le Ridicule consiste dans quelque disconvenance, il s'ensuit que tout mensonge, déguisement, fourberie, dissimulation, toute apparence differente du fond, enfin toute contrarieté entre actions qui procedent d'un même principe, est essentiellement ridicule' [p.114].[112] The reason for this is derived from premise A, to the effect that 'la providence de la Nature a voulu que tout ce qui est méchant eût quelque degré de ridicule' [p.115]. More striking still is the fact that we find the same extension of the general rational framework for morality to the specific area of *disconvenance*, discrepancy in human nature, in part 3 of Le Vayer's *Homilies académiques*, published in 1666, the year before the publication of the *Lettre*. In this *Homilie*, Le Vayer provides a summary analysis of discrepancies in behaviour couched in examples reminiscent of religious hypocrisy: 'Faisons tant les austeres et les reformés que nous voudrons, si nos moeurs ne sont pas pures, et si elles ne répondent à ce que nous exposons artificieusement au public, on reconnoitra tôt ou tard nôtre artifice, et nous deviendrons aussi ridicules que le Renard enfariné dont parle la Fable'.[113] Here, as in the letter's conclusion, the ridiculous stems not merely from a general disparity between appearances and reality but from the specific incompatibility between pious mien and immoral nature. Le Vayer's point is not just that the principle of the ridiculous is implanted in us to help discriminate between good and bad conduct, but that evil is inevitably unreasonable and ridiculous, which is precisely the crux of the letter's argument in D: 'En effet la méchanceté la plus fardée se remarque toujours, parce que Dieu permet qu'elle soit aussi toûjours imprudente. Et que seroit-ce de la vie humaine, si le Ciel n'en avait disposé de la sorte? Quelle Vertu pourrait se garentir (sic) de l'oppression des vicieux, s'ils avoient pû conjoindre la prudence avec leur malice?' Try as they may, evil natures 'n'ont néanmoins qu'un masque trompeur de cette vertu, et l'on doit tenir pour constant, qu'il n'y a point de prudent homme, s'il n'est accompagné de prud'homie'.[114] Following *Les Proverbes* XIV.8 and *L'Ecclésiaste* X.2 'une fausse et trompeuse prudence' is marked off from true virtue by the same principle of congruous behaviour as in the *Lettre*, that is, *convenance*: 'Et comment pourroit-il y avoir quelque convenance entre des choses qui sont si éloignées de situation, et qui ont si peu de rapport selon l'Ecclésiaste ...'[115] We recognize here in embryonic form the substance of the disquisition in the *Lettre* on the moral value of the ridiculous, on which the defence of *L'Imposteur* rests. The principle of nature, in the letter 'la providence de la Nature', in Le Vayer 'le Ciel', or 'Dieu', ensures that what is lacking in *convenance* in behaviour becomes ridiculous and can never triumph. With the replacement of the religious terms used by Le Vayer to describe the origin of that principle by the more neutral ones of the letter, and the contrastive use of *convenance* and *disconvenance*, the argument of the letter extends and completes the material from its source to suit the requirements of the occasion.

E. STYLISTIC FEATURES OF THE LETTER

Given that the source of the letter's argument on the theory and morality of the phenomenon of the ridiculous derives from La Mothe Le Vayer, the question must be raised: who was responsible for writing the letter, Le Vayer, or someone making use of his ideas, such as Molière, or a third person? From the eighteenth-century onwards, it has generally been recognized that although Molière was closely identified with the letter in terms of support, collaboration and thought (see Section F of this Introduction), the style is most emphatically not that of the author of *Tartuffe*, and bears no resemblance whatever to any piece of his writing, polemical or otherwise. It is discursive, convoluted and pedantic. Does the style of the letter correspond to that of La Mothe Le Vayer?

The style of the letter strikes one at once as diffuse and discursive. As J.D. Hubert has remarked aptly 'Its author could have read it, with very few changes, as a paper at the French Academy'.[116] By the time the letter appeared, Le Vayer had in fact been a member of the Académie Française for twenty-eight years and was a determined opponent of the reforming zeal of his fellow Academician, Vaugelas, against whom he argued vigorously in favour of greater latitude and indulgence regarding the use of archaisms and plain unadorned expressions in written French.[117] To Le Vayer, eloquence must be subordinated to content and good sense, and he displayed scant patience with writers like Vaugelas '... [qui] vieillissent dans une vaine recherche de termes choisis'.[118] The style of the letter is ponderous and heavily latinized. This is consistent throughout but more pronounced in the more abstract second part, devoted to the justification of the play's moral value and discussion of the cause and nature of the ridiculous. The first part, comprising the description of the play, is narrative in style, devoted to a painstakingly detailed account of the second version of the play. The one exception to this, the digression in which the letter discusses Molière's intentions in portraying a hypocrite on stage, [pp.33–8] reveals the same mode and style of argumentation as in the second part, (see below) and underlines my view that a sole author was responsible for the letter. Absolute Latinate constructions abound throughout ('Elle, surprise', 'elle pensant bonnement' [p.23], 'Cela arresté' [p.26], 'Dorine, demeurée seule' [p.28], 'Le Frere demeuré seul' [p.49], 'cela supposé' [p.95] are just a few examples), and Le Vayer defends their usage against the strictures of the champion of 'le bon goût'.[119] In the second part, there is a particular penchant for sentences prefaced or linked by the conjunction 'or' ('hac hora'). This device is used to mark a particular point of time or place in the syllogism or argument, with further points being linked into the chain with conjunctions, adverbs, adverbial, and especially impersonal verbal constructions. The consequence is that under an apparently digressive structure, a closely knitted argumentation progresses almost imperceptibly.

The following examples of this kind of continuous argument from the letter, all introduced by 'or' in various combinations, may be compared with passages from Le Vayer's work:

1.(a) *Lettre*:

Or non seulement la galanterie de Panulphe ne convient pas à sa mortification apparente, et ne fait pas l'effet qu'il pretend, ce qui le rend ridicule, *comme* vous venez de voir, *mais* cette galanterie est extreme, *aussibien que* cette mortification, et fait le plus méchant effet qu'elle pouvoit faire, ce qui le rend extremement ridicule, *comme* il étoit necessaire pour en tirer le fruit que je pretens [pp.101–2, my italics].

(b) *Lettre:*

Or tous les galans qui se servent des mêmes persuasions que Panulphe sont en quelque degré dissimulez et hypocrites comme lui; car il n'en est point qui voulût avoüer en public les sentimens qu'il declare en particulier à une femme qu'il veut perdre: ce qu'il faudroit qui fût, pour qu'il fût vrai de dire que ses sentimens de tête à tête n'ont aucune disconvenance avec ceux dont il fait profession publique, et *par consequent* aucune indecence, ni aucun ridicule; et le premier fondement de tout cela est ce que j'ai établi dés l'entrée de cette reflexion, que la providence de la Nature a voulu que tout ce qui est méchant eût quelque degré de ridicule pour redresser nos voies par cette apparence de defaut de Raison et pour piquer nôtre orgueil naturel par le mépris qu'excite necessairement ce defaut, *quand* il est apparent, *comme* il est par le ridicule; et *c'est delà que vient* l'extreme force du Ridicule sur l'esprit humain, *comme* de cette force procede l'effet que je pretens [pp.114–15].

Le Vayer, contesting the idea that beauty is highly desirable:

Or non seulement celles qui sont belles à un si haut point (i.e. like Cleopatre) sont encore naturellement glorieuses, et *par consequent* rébutantes et pleines de mépris. *Mais* ce que j'y considère le plus, *c'est qu*'étant obligées par leur propre interêt de ne complaire qu'à un seul, *il faut* par nécessité qu'elles en desobligent une infinité d'autres, qui ne manquent guères de dépit et de jalousie, à tourner leur amour en rage, contre celles dont ils se croient dédaignés. Et *c'est de là qu'il s'ensuit que* ces beautés exquises se font plus universellement haïr qu'aimer, *puisque* pour un ou deux qui persistent dans leur affection, elles se font quantité d'ennemis.[120]

2. *Lettre*:

Or, comme la Raison produit dans l'ame une joie mêlée d'estime, le ridicule y produit une joie mêlée de mépris, *parceque* toute connoissance qui arrive à l'ame produit necessairement dans l'entendement un sentiment d'estime ou de mépris, *comme* dans la volonté un mouvement d'amour ou de haine [p.98].

Le Vayer:

Or, comme on peut bien dire, que les différentes conceptions que nous formons de toutes choses, lesquelles nous soustenons en suitte avec tant d'animosité, procedent de la diverse constitution de nos esprits, ... *aussi me semble-t-il que* de là mesme nous devrions recueillir cette instruction, de ne nous opiniastrer jamais en nos sentiments, *puis que* par tant de respects ils ont si peu de solidité et que nous en devrions tirer cette belle indifference ... en laquelle consiste la souveraine felicité.[121]

3. *Lettre:*

Or si la disconvenance est l'essence du Ridicule, il est aisé de voir pourquoi la galanterie de Panulpe paroit ridicule, et l'hypocrisie en general aussi; *car* ce n'est qu'à cause que les actions secretes des bigots ne conviennent pas à l'idée que leur devote grimace et l'austerité de leurs discours a fait former d'eux au public [pp.99–100].

Le Vayer:

Or si l'Ame est mortelle, la vie est le souverain bien, dont personne n'est tenu de se priver; *aussi que* ce seroit une action folle de la perdre pour néant, n'y aiant point de récompense à récevoir, s'il n'y a rien au delà.[122]

4. *Lettre:*

Or cette connoissance d'étre plus qu'un autre est fort agreable à la Nature; *delà vient* que le mépris qui enferme cette connoissance est toujours accompagné de joie; *or* cette joie et ce mépris composent le mouvement qu'excite le Ridicule dans ceux qui le voyent; et *comme* ces deux sentimens sont fondez sur les deux plus anciennes et plus essentielles maladies du genre humain, l'orgueil et la complaisance dans les maux d'autrui, *il n'est pas étrange que* le sentiment du Ridicule soit si fort, et qu'il ravisse l'ame comme il fait [pp.117–18].

INTRODUCTION

Le Vayer:

Or la connoissance de l'Immortalité de l'Ame humaine étant de pure Physique, *puisqu'*encore qu'elle soit immatérielle, nous ne pouvons remarquer son essence par ses opérations, pendant le tems de son information, *ce qui* est cause que personne n'en a traité que dans des livres de Physique, *il n'est pas juste* de demander ici de ces demonstrations invincibles et qui semblent être au dessus de toute dispute.[123]

In Le Vayer's works, example of constructions such as 'or' followed by 'si', 'parce que', 'puisque', 'quoique', etc. are too numerous to catalogue. In his *Petit discours sur l'immortalité de l'âme*, where he argues closely for the immortality of the soul, 'or' is used 11 times within 4 small pages.[124] In the second part of the letter, it is used at least ten times as a connective element between points of close argument.

'Que si' ('Quod si') is another prominent feature of the letter's style, with a following adverb or adverbial construction, conjunction, and subordinate clauses. Compare the following sentences in which the accumulation of 'si' clauses enhances by deferment the rhetorical question after the repeated 'pourquoi':

1.(a) *Lettre:*

Que si la corruption qui s'est glissée dans les moeurs depuis ce tems heureux a passé jusqu'au Theatre et l'a rendu aussi profane qu'il devoit être sacré, *pourquoi, si* nous sommes assez heureux pour que les Ciel ait fait naitre dans nos tems quelque genie capable de lui rendre sa premiere sainteté, *pourquoi* l'empêcherons-nous et ne permettrons-nous pas une chose que nous procurerions avec ardeur, *si* la charité regnoit dans nos ames et *s'*il n'y avoit pas tant de besoin qu'il y en a aujourd'hui parmi nous, de décrier l'hypocrisie et de prêcher la veritable devotion? [p.92]

Le Vayer:

Que si notre raison est si peu de chose, *si* elle nous est plutôt préjudiciable qu'autrement: et *si* la folie que nous croions être sa partie adverse, est sa compagne inséparable, et ce que les Cieux ont voulu donner pour appanage à nôtre humanité, *puisque* la plus haute sagesse des hommes est une pure démence devant Dieu: *Pourquoi* nous étonnerons-nous des opinions des autres, quelques étranges qu'elles nous paroissent? *Pourquoi* leur imputerons-nous de n'avoir pas le Sens commun, nous qui sommes peut-être plus éloignés que personne du bon, *s'*il y en a? Et *pourquoi* tiendrons-nous à injure ce même reproche, *si* quelqu'un nous le fait, *puisqu'* en quelque façon qu'on le prenne, il n'a rien qu'un son vain, et ne possede en effet nulle signification qui doive scandaliser un honnête homme?[125]

(b) An hypothesis presented by 'que si' is negated for rhetorical effect, only to be strengthened by a following concessive construction involving 'du (au) moins' with the inversion of the verb, and reinforced in subordinate clauses:

Lettre:

Que si pourtant, malgré tout ce que je viens de dire, on veut que l'ame, aprés le premier mouvement qui lui fait embrasser avec empressement la plus legere image de Ridicule, revienne à soi et fasse à la fin la difference des sujets, *du moins* m'avoüerez-vous que ce retour ne se fait pas d'abord; qu'elle a besoin d'un tems considerable pour faire tout le chemin qu'il faut qu'elle fasse pour se desabuser de cette premiere impression; et qu'il est quelques instans où la vûe d'un objet qui a paru extremement ridicule dans quelqu'autre lieu, le represente encore comme tel, quoique peutêtre il ne le soit pas dans celui-ci [p.107].

Le Vayer:

Que si nous n'usions pas d'une grande exactitude, *servons-nous au moins* dans cette opération, (self-scrutiny) du précepte qu'il (Pythagore) donne de se respecter soi-même; et le pratiquons plus ponctuellement que nous ne ferions *si* elle se passoit en présence de cent témoins, puisque Dieu et les Anges ne peuvent être exclus de cet entretien secret.[126]

2. The letter's detailed argument reveals a marked tendency towards frequent use of impersonal verbal constructions both to deduce a consequence from the premise and to connect both:

(a) ... la bienseance est à l'egard de la convenance ce que les Platoniciens disent que la beauté est à l'egard de la bonté, ... *De là vient que* ce qui sied bien est toujours fondé sur quelque raison de convenance ... [p.99].

(b) Or cette connoissance d'être plus qu'un autre est fort agreable à la Nature; *delà vient que* le mépris qui enferme cette connoissance est toujours accompagné de joie [p.117].

(c) ... si le Ridicule consiste dans quelque disconvenance, *il s'ensuit que* tout mensonge ... est essentiellement ridicule [p.114].

And with the above compare

(d) ... la providence de la Nature a voulu que tout ce qui est méchant eût quelque degré de ridicule ... pour piquer notre orgueil naturel ... et *c'est delà que vient* l'extreme force du Ridicule sur l'esprit humain [p.115].

Le Vayer likewise evinces a predilection for this kind of impersonal construction, used particularly in closely reasoned argument, as in his discussion of reasons for and against the immortality of the soul:

(a) L'une (démonstration) se sert de principes fort bons et fort assurés à la vérité, qui ont besoin néanmoins d'être prouvés par d'autres, contre ceux qui n'y veulent point acquiescer, *d'où vient qu'*elle ne produit pas des conclusions exemtes de toute contradiction.[127]

(b) La grande connoissance fait souvent le même effet que l'extreme ignorance, *d'où vient qu'*on a toûjours remarqué que les plus savants étoient ceux qui avoûoient le plus franchement la foiblesse de l'esprit humain.[128]

(c) ... cet Amour de nous mêmes est si puissant, que nous ne considérons nos pensées que comme une partie de nôtre être, sans les examiner davantage ... *De là vient* cette animosité ordinaire contre ceux qui nous contrarient.[129]

(d) If there is no human freedom '... toutes nos actions étant forcées ... *d'où s'ensuit* un bouleversement entier ... de la raison humaine ...' If the happiest people in this life are those who are least unhappy, '*Il s'ensuit donc que* la béatitude nous est réservée pour un autre tems et après notre mort'.[130]

3. As the *Lettre* seeks to establish the moral force of the ridiculous, the writer has frequent recourse to explicative formulae such as 'la raison en est' which are used to connect a previously stated premise with subsequent supporting argument. Their effect is to convey the impression of an academic lecture or thesis anxious to guard against any charge of illogicality:

(a) Il est peu d'honnêtes gens qui ne soient convaincus par experience de cette verité (that ridicule is inimical to the passion of love); aussi est-il bien aisé de le prouver. *La raison en est que*, comme il n'y a rien qui nous plaise tant à voir en autrui qu'un sentiment passionné, ce qui est peutêtre le plus grand principe de la veritable Rhétorique, aussi n'y a-t-il rien qui déplaise plus que la froideur et l'apathie qui accompagne le sentiment du ridicule, sur tout dans une personne qu'on aime; de sorte qu'il est plus avantageux d'en être haï, parceque quelque passion qu'une femme ait pour vous, elle est toujours favorable, ... au lieu que de ne la toucher point du tout ... à plus forte raison lui paroitre méprisable pour peu que ce soit, c'est toujours être à son égard dans un néant ... de sorte que pour peu qu'un homme ait de courage ou d'autre voie ouverte pour revenir à la liberté et à la raison, la moindre marque qu'il aura de paroitre ridicule le guerira absolument, ... [p.111–12, also p.100, p.104, p.114].

Compare the reasoning of Le Vayer in *Prose chagrine* on the validity of praise attributed to us:

(b) Or il faut tenir pour constant qu'il n'y a point d'éloge, pour relevé qu'il soit, qui nous puisse tourner à honneur, s'il ne nous est attribué par ceux qui en ont. *La raison de cela est fondée sur ce que* personne n'a le moien de donner ce qu'il n'a pas; et c'est ce qui a fait dire à Plutarque dans ce sens, qu'on voit beaucoup de gens qui sont extrémement chiches de louanges, parce qu'ils croient, qu'il en est comme de l'argent, et qu'autant qu'ils en donnent à un autre, autant ils s'en ôtent à eux-mêmes.[131]

In both passages the premise ('cette verité' (a), 'il n'y a point d'éloge [véritable] s'il ne nous est attribué par ceux qui en ont' (b)) is presented by means of an impersonal verbal construction possessing superlative value. The explicative formula underlined in both passages is at once buttressed by constructions of absolute force ('comme il n'y a rien qui nous plaise tant à voir en autrui qu'un sentiment passionné' (a), 'personne n'a le moien de donner ce qu'il n'a pas' (b)), and supplemented by subsidiary explicative formulae ('ce qui est peutêtre le plus grand principe de la veritable Rhétorique' (a), 'et c'est ce qui a fait dire à Plutarque' (b)). The argument deduced from the premise is then developed over multiple subordinate clauses, introduced by conjunctions, adverbs, conjunctival, adverbial, prepositional phrases. Its authority is enhanced by the use of concessive clauses expressing absolute restriction ('quelque ... que, pour peu que' (a), 'pour relevé qu'il soit' (b)).

4.(a) The letter abounds in rhetorical formulae conveying the author's confidence in his ability to demonstrate or refute beyond doubt the point of view in question. A few examples must suffice: writing about the fact that quotations from the play have not been given in verse, he avers that *'il lui étoit bien aisé, s'il eût voulu, de faire autrement'* [Avis]; 'Il est peu d'honnêtes gens qui ne soient convaincus par experience de cette verité; aussi est-il bien aisé de la prouver' [p.111]; 'C'est ce que je vous ferai voir plus clair que le jour, quand vous voudrez' [p.96]. Compare similar formulae from Le Vayer's polemical *Petit discours*, as he argues in favour of universal consent in the belief that the soul is immortal: 'Il seroit aisé de prouver par induction, que comme toutes les trois parties du vieil (sic) monde en ont convenu ...'; against those philosphers who make the soul mortal: 'Ainsi vous renversez facilement tous ces grands arguments ... après quoi il n'y aura pas grande difficulté au reste, et on se peut assurer d'être bien-tôt maître absolu de la campagne'.[132]

(b) Like a good advocate, the writer of the *Lettre* anticipates and answers questions with aplomb and tenacity, never allowing a secondary point, however interesting, to deflect him from his principal concern: 'Je sai que le principe que je pretens établir a ses modifications comme tous les autres; mais je soutiens ...' [p.89], 'Je sai encor qu'on me dira que, ... mais je répons à cela deux choses ...' [p.94], 'Je sai bien qu'on me répondra que ...' [p.91];[133] 'Je répons à cela que ...' [p.102], '...je pretens, dis-je que ...' [p.95]. Compare Le Vayer's refutations of impiety in his *Petit discours:* 'Et puisque je serai sommaire en parlant pour la bonne cause, je ne dois pas être long en celle-ci, vu même qu'avec fort peu de solutions on peut facilement répondre à toutes les instances dont ses Auteurs ont accoûtumé de se servir', 'Que si on me dit qu'il n'en est pas ainsi à l'égard des Infidèles, et qu'on me demande comment on les pourra donc convaincre sur ce sujet, je réponds que nous nous servirons de nos démonstrations qui sont très bonnes et très capables de les persuader, s'ils se veulent rendre à la raison'.[134]

The resemblance of style between the writings of Le Vayer and the *Lettre* is so close that it can only corroborate the evidence of identity of thought on the theatre, religion, and the cause and nature of the ridiculous provided in previous Sections B, C, D. In my judgement, the sole conclusion which can emerge from the evidence cited is that the author of the *Lettre sur la comédie de L'Imposteur* is François de La Mothe Le Vayer. The fact that his *opuscule* has been so widely studied and quoted by Moliéristes during the course of three and a quarter centuries without revealing knowledge of his identity is a singularity which would certainly have afforded his sceptical and quizzical mind inordinate satisfaction.

One of the most curious linguistic characteristics of the letter is the number of formulae expressing balance, indifference, detachment on Le Vayer's part. In the *Avis* it has been seen how he endeavours to distance himself from Molière and to sustain this attitude throughout. He professes to express no opinion on the issues in question, presupposing the moral innocence of the play, like a judge hearing both sides of a case. It is relevant to note in passing that Le Vayer inherited the post of *Substitut du Procureur au Parlement* from his father (see Appendix II). The vexed issue of Panulphe's and Molière's use of the language of hypocrisy is treated with masterly delicacy. The pro and contra of the argument are artfully balanced by the discreet introduction of third party sources for the views stated: 'Bien des gens pretendent ... d'autres disent que ... il faut supposer, disent-ils ... Ils alleguent ... Ils continuent ... Et c'est icy, concluent enfin ces Messieurs ... Voilà comme raisonnent ces gens-là; je vous laisse à juger s'ils ont tort ...' [pp.33–8].[135] The *dépit amoureux* of Act II seems 'hors de propos à quelquesuns dans cette piece; mais d'autres pretendent, au contraire, ...' [p.26]. He is similarly cautious with regard to the discussion between Cléante and Orgon in Act I. 'Cela semble affecté, non necessaire, et hors de propos à quelques-uns; mais d'autres disent que ...' [p.15] This indifferent stance is maintained to the end of the letter:

> Voila, Monsieur, ce que vous avez souhaité de moi: gardez-vous bien de croire pour tout ce que je viens de dire que je m'interesse en aucune maniere dans l'histoire que je vous ai contée, et de prendre pour l'effet de quelque opinion premeditée l'effort que j'ai fait pour vous plaire: je parle sur les suppositions que je forge, et seulement pour me donner matiere de vous entretenir plus lontems, comme je sai que vous le voulez. A cela prés, peu m'importe qui que ce soit qui ait raison ... [pp.122–3].

Although the matter seems of consequence, he sees so many contemporary issues treated in such foolish manner that he dismisses them all as 'les diverses scenes de la grande Comedie qui se joüe sur la terre entre les hommes' [p.124]. Comedy is Le Vayer's favourite metaphor for life: in his prefatory letter to his earliest works he enunciates his view of life which, although subsequently modulated to suit circumstances, remains consistent throughout his career: 'toute nostre vie n'est, à le bien prendre, qu'une fable, nostre connoissance qu'une asnerie, nos certitudes que des contes, bref tout ce monde qu'une farce et perpetuelle comedie'.[136] From the early dialogues of the 1630s to *Hexaméron rustique* (1670) he remains the detached and ironic spectator of the human condition chronicling its innumerable follies and contradictions, content to practise his beloved *epoche* or scepticism, professing indifference to opinion.[137]

The prevalent tone throughout the letter is sustained by the somewhat heavy irony inseparable from Le Vayer. At the outset, he indulges in self-depreciation minimizing his role in the controversy, in which he offers '*ce petit Ouvrage*' to the public (*Avis*). This is one of his customary tactics to disarm and mystify the reader: in similar vein, his *Petit traité* is alluded to as 'mes petites réveries', *Prose chagrine* as 'ce petit exercice dans un raisonnement secret'.[138] In the letter, he begs his readers to consider his circumspection in the matter, on which he makes no a priori judgement.

His submissive tone is reminiscent of the approach in his *Petit discours*. As in the letter, he humbly offers his tentative reflections to his readers, ready to withdraw them should he err in the smallest detail: 'Je n'avancerais rien dont je ne sois tout prêt de me déduire à la première connoissance qu'on me donnera de ma faute. Aux choses mêmes où il est permis de contester je m'éloigne le plus que je puis de l'opiniâtreté. Et je renonce en celle-ci à tout ce qui pourrait donner le moindre scandale à la pieté d'un lecteur'.[139] He then proceeds to enumerate 33 syllogisms in support of the orthodox position regarding the immortality of the soul, only to admit at the end that they lead to conclusions which are open to objection.[140] René Pintard has perceptively detected 'une sorte de désaccord entre l'esprit et la volonté, ou du moins un retard de la volonté sur les élans de l'esprit ... Il a l'air d'avancer, et cependant il prépare déjà sa retraite; il donne et retient à la fois'.[141] The disharmony between mind and will is glimpsed in his attitude towards the authorities in the *Avis* of the letter. It is a crime for him to have attended the play, yet he seeks pardon not from the Archbishop of Paris but through publicizing its contents! His exaggerated show of deference to the 'Puissances' takes no account whatever of their scruples. It does not prevent him from saying at the end of the *Avis* that he has forestalled adequately their objections, and finds consolation in the knowledge that he has borne witness to Justice, Reason and Truth. In the preface to his early dialogues, he trusts only in 'la force de la verité, et dans l'authorité de la raison', as opposed to the comedy of life in which 'les Princes, les Rois, et les plus grands Monarques sont autant d'acteurs'.[142] After his description of the play, he appends the ironic note that 'il se peut faire qu'on ne voit pas le venin parmy les fleurs, et que les yeux des Puissances sont plus épurez que ceux du vulgaire' [p.79]. And who comprise 'le vulgaire' for Le Vayer? The answer comes from his *Petit Traité* where he declares that the multitude is composed of all 'qui se pare de soïe aussi bien que de bure; qui porte la soutane aussi bien que les crochets, et qui hante les cabinets dorés, aussi bien que les foires, puisque toute sorte de professions composent le peuple dont nous parlons'.[143] In the same treatise, all who hold a dogmatic view of what constitutes common-sense and claim a monopoly of reason are subsumed to 'le vulgaire', because their prejudices have not been exposed to 'La Raison'.[144] The ironic contrast drawn in the letter between temporal blinkered attitudes and more enduring rational values gives to it incision and subtlety, and shows through all protestations of neutrality on the author's part. An excellent example is provided at the start of the discussion about the propriety of presenting religious themes in the theatre. He professes incomprehension regarding 'l'étrange disposition d'esprit' of people who deem the theatre an inappropriate place for such discussion. They must be motivated by personal animosity towards Molière: their antagonism is founded on a 'si chetif lieu commun', 'Une si miserable et si ridicule defense!' [pp.80–1]. Such petty prejudice is contrasted with Molière's lofty dedication to Truth:

> Quoi, si on produit la Verité avec toute la dignité qui doit l'accompagner par tout; si on a prévû et evité jusqu'aux effets les moins fâcheux qui pouvoient arriver, mesme par accident, de la peinture du vice; si on a pris, contre la corruption des esprits du siecle toutes les precautions qu'une connoissance parfaite de la saine Antiquité, une veneration solide pour la Religion, une meditation profonde de la nature de l'ame, une experience de plusieurs années et qu'un travail effroyable ont pû fournir, il se trouvera, aprés cela, des gens capables d'un contresens si horrible que de proscrire un ouvrage qui est le resultat de tant d'excellens preparatifs, par cette seule raison, qu'il est nouveau de voir exposer la Religion dans une sale de Comedie, pour bien, pour dignement, pour discretement, necessairement et utilement qu'on le fasse!
>
> [pp.81–2].

Opposition to the play is not just misplaced: it is the fruit of contemporary corruption in which we now live! Le Vayer can now reverse the moral positions of adversaries and proponents of the play. The former are motivated by 'fausse bienseance' which quenches the spirit of Reason and Truth and Charity as this trinity unite to dispel the darkness of error and superstition [pp.82ff]. Thus does the apostle of reason and charity make Molière into the standard-bearer of Christian values, just as he transforms the philosophers of Antiquity and especially Pyrrhus the Sceptic into exemplars of Christian piety in *De la vertu des payens*. These eternal values do not owe their dignity to outward pomp and ceremony, as does the relative and contrived dignity of the great who take care only to display themselves in the most favourable circumstances: 'mais que la Charité redoute les mêmes inconveniens; que cette Souveraine des ames chrêtiennes apprehende de voir sa dignité diminuée en quelque lieu qu'il lui plaise de se montrer, c'est ce qui ne se peut penser sans crime' [p.87]. The apogee of this particular argument has been reached: charity is on the side of the play's partisans, crime on their opponents'.

The irony of traditionalists is sustained effortlessly up to its climax at the conclusion of the letter. There, comedy is seen to achieve what traditional preaching and earnest moralizing of parents and teachers cannot. The fact that Molière's play points up the dangerous nature of illicit passions is adduced with massive irony as supplementary proof of the pernicious nature of his comedy. One final thrust remains to be made. If the play succeeds in antagonizing seducers and adventurers against Molière he has but himself to blame. He should have chosen to imitate the licentiousness of earlier comic authors, bent on following the dictates of fashion, rather than choosing the hard path of 'Vertu' and 'Verité' [pp.120–22].

Such irony on Le Vayer's part with regard to present trends was nourished by his deep familiarity with ancient authors and veneration for Antiquity, 'si sage en toutes choses' [p.90]. Elsewhere, he views the ancients as 'des originaux de Sagesse et de Vertu', drawing on principles of eternal truth.[145] It has been seen how he turns the use of religion in the theatre of the ancients into satire of contemporary narrow-mindedness. The letter's allusions to contemporary corruption form part of the continual vein of satire running through his writings. In *Prose chagrine* (1661), for example, he inveighs against corrupt practices in justice, religion, finances, and the unfair ways in which society's acclaim is distributed.[146] There he oscillates between indignation at life's injustices (the vision of Alceste) and the view of life as a comedy (the vision of Philinte). The constant which emerges is the sceptical vision of life as a comedy, sustained by the enumeration of life's contradictions and inconsistencies. The main area on which he brings this vision to bear is human conduct. In the *Promenades*, he compares himself to a king accompanied by his fool, who offers him continual derision at the imbecility of humankind.[147] Man is permanently ridiculous on account of the divorce between the pretensions of his speculative faculty and his inability to apprehend truth. The result, as he declares in his *Petit discours*, is that no one lives exempt from inconsistency in actions; it is impossible 'd'être toujours un même homme'.[148] We are by temperament, condition and circumstances, unable to be the same in the evening as we were in the morning, are often unable to tolerate ourselves, and are ultimately our own worst enemies.[149] We are in a permanent state of *disconvenance* or *contrariété*, to use the terms of the letter's analysis of the ridiculous, as Célimène delights to intimate to Alceste:

> L'honneur de contredire a pour lui tant de charmes,
> Qu'il prend contre lui-même assez souvent les armes,
> *Le Misanthrope* (II,4,ll.677–8)

Like the *imaginaire* we move in a world of illusion and cecity with which most of us are fondly satisfied, and Le Vayer terms this beatific state *folie*, following Erasmus' *Encomium Moriae* (1509). It is a universal condition which makes the world thrive: '... il y a des folies de toutes façons, et elles n'ont pas toutes le même visage. Il y en a d'étudiées, comme de naturelles. Il y en a d'austeres, et de sérieuses, comme de gaies et d'enjouées'.[150] One thing above all others he will not do, and that is to seek to reform the world '... comme le premier degré de la folie est de s'estimer sage, le second est de faire profession de sagesse, et le troisième de vouloir en consequence réformer le Monde et guérir la folie des autres. La raison de cela se prend de ce que ... la folie est une maladie dont on ne guerit jamais'.[151] The sceptical vision impels him to laugh continuously at human behaviour, which he imagines appears as ridiculous to divine beings as do monkies when they imitate our actions, for the reason that it makes life more bearable than does a tragic view of things.[152] With Beaumarchais' Figaro, laughter at the human spectacle is a 'choice' induced in its practitioners by existential necessity: 'je me presse de rire de tout, de peur d'être obligé d'en pleurer'.[153]

For Molière, comedy is an inherent and invariable faculty within the personality of the most apparently 'normal' and uncomic person. Analysing the comic side to Arnolphe, Dorante, in a tantalizingly incomplete sentence in *La Critique de L'Ecole des femmes* (1663), wonders whether, when swept by passion, 'les honnêtes gens même et les plus sérieux, en de pareilles occasions, ne font pas des choses ...' (Sc.6) In *L'Impromptu de Versailles* of the same year, Molière lists the 'inexhaustible' source of potential comic characters for future plays (Sc.4). Referring to his rival actors at the Hôtel de Bourgogne, he says '... il n'y en a un point qu'on ne pût attraper par quelque endroit, si je les avais bien étudiés' (Sc.1).[154] Both Molière and Le Vayer had in common an acutely developed sense of the incongruous in human nature as well as a conviction that it formed a permanent concomitant of the human condition. What could be more fitting than that the philosopher of comedy should furnish the practitioner of comedy with its underlying philosophy and morality at a time when the latter was in the greatest crisis of his professional career? A phrase from the analysis of the dénouement of *L'Imposteur* [p.77] could be adapted to summarize the relationship of thinker and playwright in the play's controversy: the practitioner is worthy of the philosopher, as the philosopher is worthy of the practitioner.

INTRODUCTION 49

F. HISTORY OF THE ACCEPTANCE OF THE LETTER

The letter is not mentioned in any contemporary writing and does not seem to have been sold openly, but distributed in clandestine fashion, like Pascal's *Lettres provinciales*. Like the latter, an epistolary fiction is used to present the subject matter. It is scarcely surprising that secrecy and anonymity should have been paramount considerations in view of its highly sensitive subject, the charged religious and political climate of the time, and the eminent status of the writer. More surprising is the fact that it was not included in the first complete edition of Molière's plays, edited by La Grange and Vivot in 1682. The omission may be explained by the evident wish of the editors to present Molière in the most favourable light to posterity, as the creator of instructive and edifying comedy, free from any taint of malice or scandal. The inclusion of the letter would certainly have revived unwelcome memories of the bitter polemics surrounding *L'Imposteur*, ranked by the editors with his masterpieces for which no praise could be excessive.[155] The letter's existence went unnoticed until 1739 when M.-A. Jolly summarized its arguments in the *Catalogue des critiques faites contre les comédies de Molière*.[156] He noted the change in title to *Le Tartuffe* as well as in the hypocrite's name, but did not include the letter in his edition of the plays. A. Bret's edition of Molière (1773–82) mentioned the letter as providing an accurate summary of the second version and as an 'écrit raisonnable et modéré'.[157] The sole difference from 1669, according to him, consisted in Panulphe's verse spoken to Orgon at the end of Act III: 'O Ciel, pardonne-lui comme je lui pardonne'. The omission of the letter by Bret in his edition drew forth a hostile letter to the *Journal encyclopédique* in February, 1775, from M. Grosley de Troyes: 'Pourquoi M. Bret n'a-t-il pas inséré, dans son édition de Molière *La Lettre sur la comédie de L'Imposteur* dont la première édition parut sous la date du 20 août 1667, c'est-à-dire, qui fut composée et imprimée dans la quinzaine qui suivit la première représentation du *Tartuffe*, donné le 5 août 1667?' He had no hesitation in attributing it to Molière: 'Le ton de cette lettre, l'extrait du *Tartuffe* non encore imprimé, le point de vue sous lequel il est imprimé, les aperçus sur les sources du ridicule, la célérité avec laquelle cette apologie fut composée, tout y annonce la main et la plume de Molière'.[158] Grosley quoted an edition of 130 pages in -12 (1667), including an *Avis* of 6 pages. P. Lacroix in his edition of the letter in 1870 thought that this was a different edition from the original one in 1667 in 124 pages, but Grosley had in fact the original edition and had not included the *Avis* in his pagination.[159] It was not until the following century that the letter was published by J. Simonnin, who discovered a copy in the Bibliothèque de l'Arsenal, Paris. Like Grosley, he thought that it could only have been written by Molière.[160] The first editor to include it with Molière's plays was J. Taschereau in his edition of 1823–4. Like Simonnin, he was of the opinion that Molière was the author, for the following reasons:

> Il est impossible qu'une analyse aussi scrupuleusement fidèle, qui contient une foule de vers dont Molière s'est visiblement efforcé de faire disparaître les rimes, soit l'ouvrage d'un autre écrivain que l'auteur lui-même. C'est en vain qu'on nous objectera que le style en est lâche, et que l'éloge de *L'Imposteur* y est, s'il est possible de le dire, outré; il importait trop à Molière de se disculper complètement des infâmes calomnies répandues contre lui, pour confier ce soin à un ami ... mais il sentait en même temps que sa défense ne pouvait arriver à son but qu'autant qu'on ne pourrait la lui attribuer; le plus sûr moyen de l'atteindre était donc pour Molière de ne point mettre, dans cette espèce de plaidoyer, sa concision et son économie accoutumées et surtout de déposer cette modestie si connue que Boileau a célébrée.[161]

Although L. Aimé-Martin included the letter in his edition of 1845 he was more cautious than Taschereau about its authorship: 'Il est probable qu'elle fut écrite sous les yeux de Molière. On y reconnaît quelquefois sa profonde entente de la scène mais on n'y reconnaît jamais son style. M. Paul Lacroix est le premier qui ait remarqué l'initiale C imprimée sur le dernier feuillet d'un exemplaire de cette *Lettre*, après la suscription, et il conclut que l'auteur de l'ouvrage pourrait bien être Chapelle. L'édition sur laquelle se trouve l'initiale C se compose de 124 pages, plus un dernier feuillet rempli par un errata'.[162] Paul Lacroix ('le bibliophile Jacob') described the rediscovered edition of 1667 as a 'pièce fort rare, dont il y a deux autres éditions différentes, l'une en petits caractères, datée de 1668, 75pp., l'autre datée de 1670, sous ce titre *Observations sur la comédie de l'Imposteur*'.[163] He repeated the statement about the existence of the 1670 edition in his publication of the 1667 edition in 1870 (p.XII). It is likely that a note on the title page of the 1667 edition now in the Bibliothèque de l'Arsenal was responsible for the belief that a 1670 edition had been printed. We now know that such an edition did not exist, see Introduction, Section G. Lacroix in the same catalogue also mentioned another copy of the 1667 edition alluded to by L. Aimé-Martin: 'Cet exemplaire se termine par un feuillet d'errata que nous n'avons jamais vu dans d'autres exemplaires. Quoiqu'on lise le nom de

Molière écrit anciennement à la fin de la lettre, nous pensons que Chapelle en est l'auteur plutôt que Molière, et nous remarquons, en effet, son initiale C imprimée après la suscription, particularité qui nous avait d'abord échappé'.[164] In 1870 he thought the style 'verbeux, incorrect, pauvre, filandreux', but acknowledged that the analysis of the play could be by Molière or elaborated by Chapelle or Donneau de Visé from Molière's notes.[165]

From the middle of the nineteenth century editors began to accord greater prominence to the letter. C. Louandre included extracts from it in his edition of 1852, and attributed it to Chapelle writing under Molière's direction.[166] L. Moland's edition (1863-4) rejected this attribution, but conceded that the letter 'doit partir de l'entourage très prochain de Molière', concluding that 'la lettre sur l'*Imposteur* a nécessairement sa place marquée dans une édition de Molière'.[167] N. Chaix in 1864 was of similiar view: 'si ce n'est pas Molière qui a écrit cette défense de sa pièce, il a dû dans tous les cas fournir des documents pour la faire et sans aucun doute en inspira la rédaction'.[168] A. Régnier in 1878 disagreed with the idea of Molière's authorship of it, although admitting that his inspiration can be discerned.[169] Despois and Mesnard (1873-93) were convinced that the style was not that of Molière, and suggested tentativement Corbinelli rather than Chapelle as the author, although conceding that many passages were inspired by the playwright.[170] In our own century, the importance of the letter has been recognized in the editions of G. Michaut, René Bray and especially Georges Couton in whose view Molière acted as advisor if not a collaborator.[171] Gustave Michaut, on the other hand, dismissed all claims to its authorship, including that of Molière, as 'hypothèses sans preuves'.[172] More recently, René Robert has revived the theory that Donneau de Visé was the author of the letter on the basis that he had written a eulogistic letter on *Le Misanthrope*.[173] The style of the *Lettre écrite sur la comédie du Misanthrope* (December 1666) bears no resemblance whatsoever to that of the letter. It is lucid, urbane, witty, anecdotal and displays not the slightest trace of the abstruse argumentation, subtle irony and the classical erudition so visible in the *Lettre sur la comédie de L'Imposteur*. De Visé's best memorial would seem to me to be *Le Mercure galant*, a periodical he founded in 1672, renamed *Mercure de France* in 1714, with its court news, anecdotes and short pieces of verse, not the sustained apologia which is the letter. In any case Brossette, quoting Molière's friend Boileau who was closely involved in contacts with Le Premier Président, wrote that the author of *Le Misanthrope* had been so dissatisfied with De Visé's letter on it that he agreed to its publication with his play in 1667 only with the greatest reluctance.[174] It is inconceivable that Molière would have entrusted the manuscript of his most controversial play to someone in whom he did not have absolute faith. The most recent edition of the letter which the present editor has found particularly useful is the one included by the late Georges Mongrédien in a collection of seventeenth-century pamphlets relating to Molière's theatre. Leaving open the question of Molière's authorship, he concludes that 'l'auteur apparaît, dans la seconde partie, comme un rationaliste pur, à rapprocher des autres amis de Molière de même tendance, Chapelle, Hénault, La Mothe Le Vayer, Bernier'.[175]

The presence of the letter C at the end of one of the copies of the letter has encouraged critics to assign authorship to Chapelle, Corbinelli, etc. Even without the proofs of Le Vayer's authorship, this view would remain at best highly hypothetical. With the discovery that Le Vayer wrote it, the most cogent explanation for the letter at the end lies in his wish to divert suspicion from himself, which is entirely in character. He always took great pleasure in covering up his tracks: his earliest works, *Cinq dialogues* and *Quatre autres dialogues* (c.1630–1) not only appeared under the pseudonym of Orasius Tubero, but purported to have been published by I. Sarius at Francfort in 1506 (sic). Another edition, published in 1647, informed the public that it had been published at Francfort in 1606. His wish to avoid possible complications with the authorities, his delight in gratuitous mystification of the common herd, are all hallmarks of this enigmatic Sceptic.

G. EDITIONS OF THE LETTRE SUR LA COMEDIE DE L'IMPOSTEUR

1667 LETTRE / SUR LA COMEDIE / DE / L'IMPOSTEUR. / MDCLVII. in-12, 4ff, non. ch. (Title and *Avis au Lecteur*), 124pp., dated 20 aoust 1667. No 'privilège' or 'achevé d'imprimé', no place, or name of printer. At the end one reads Monsieur le 20 Août 1667 Vôtre etc.
Bibliothèque Nationale, Paris: Rés.Yf 4214, 4215, 4216, 4217.
Bibliothèque de l'Arsenal, Paris. Collection Rondel, Rf Rés.3268. On the title page is a note in ink 'Cette lettre a été réimprimée en 1670, sous le titre d'*Observations*; et Tartuffe, déguisé dans cette première édition sous le nom de Panulphe, y paraît sous son véritable nom; c'est l'unique différence des deux éditions' followed by more recent writing '(On croit cette note de la main de Hayet de Couronne)'. (Reprinted Rf Rés. 3676). See annoted title page facing page 58 of this edition.

LETTRE
SUR LA COMEDIE
DE L'IMPOSTEUR.

MDCLXVII.

*attribué à Donneau de Visé,
on croit pourtant que cette lettre
est de Molière lui-même;
ou tout au moins qu'elle a été
faite sous ses yeux.*

LETTRE
SVR
LA COMEDIE
DE
L'IMPOSTEVR.

M. DC. LXVIII.

aug. disc. par. s.l.

4218

8 B 12849 (2e pièce). Preceded by *La Critique du Tartuffe* Comédie, Paris 1670, followed by the *Lettre* 1667 edition, *Avis*, and 124pp. with errata.

Bibliothèque-Musée, Comédie-Française: II MA, *Lettre* with librarian's note: 'Cet ouvrage a été attribué à Donneau de Visé, mais tout porte à croire qu'il est de Molière lui-même'.

1668 LETTRE / SVR / LA COMEDIE / DE / L'IMPOSTEUR. / MDCLVIII. in-12, 4ff, non. ch. (Title and *Avis au Lecteur)*, 75pp. No 'privilège' or 'achevé d'imprimé', no place, or name of printer. (According to G. Couton, this was a pirated edition published in Holland, *Oeuvres de Molière*, I, 1405, n.1.) At the end one reads Monsieur le 20 aoust 1667 Vostre etc.

Bibliothèque Nationale: Rés.Yf 4218. The title page bears the note: 'attribuée à Donneau de Visé, on croit pourtant que cette lettre est de Molière lui-même: ou tout au moins qu'elle a été faite sous ses yeux', see facing page of this edition.

Bibliothèque de l'Arsenal: Collection Rondel, Rf Rés.3267. (This copy was missing in March, 1991.) In the same library and collection, another copy, Rf Rés.3269.

A putative edition of 1670 is mentioned by P. Lacroix in the *Catalogue Soleinne*, (see Section F, note 163, above). It is likely that a note on the title page of the 1667 copy of the Bibliothèque de l'Arsenal (above, Rf Rés.3268) gave rise to the supposition, see title page facing page 58 of this edition. A third edition in 1670 appears improbable since by that time the play was no longer a *cause célèbre* with the performance of the definitive version having taken place on 5 February, 1669. Is it possible to say how the supposition came into circulation? The answer may lie in the 1667 copy of the Bibliothèque de l'Arsenal, (8 B 12849). There the letter, dated 1667, follows the anonymous *La Critique du Tartuffe* (Paris, 1670). The letter was indeed published in 1670 with the same text as that of 1667, but did not form a different edition. J. Taschereau alludes to it in *Histoire de la vie et des oeuvres de Molière*, Paris, 1844, p.292, as do Despois and Mesnard, *Oeuvres de Molière*, IX, p.156. G. Couton mentions it in his edition of Molière, I, p.1405, n.1, as does G. Mongrédien, *Comédies et pamphlets sur Molière*, p.127. I share the latter's scepticism about its existence.

MODERN EDITIONS

Simonnin, J. *Molière commenté d'après les observations de nos meilleurs critiques*, 2 vols, (Paris, 1813), II, pp.141–207.

Simonnin, J. et Després, *Mémoires sur Molière et sur Mme Guérin, La Veuve*, (Paris, 1823), pp.263–398.

Taschereau, J. *Oeuvres complètes de Molière*, 8 vols, (Paris, 1823– 4), V, pp.5–55.

Aimé-Martin, L. *Oeuvres complètes de Molière*, 6 vols, (Paris, 1845), IV, pp.243–80.

Louandre, C. *Oeuvres complètes de Molière*, 3 vols, (Paris, 1852), II, pp.597–602 (extracts only).

Moland, L. *Oeuvres de Molière*, 7 vols, (Paris, 1863–4), IV, pp.539–81.

Chaix, N. *Oeuvres complètes de Molière*, 5 vols, (Paris, 1864), III, pp.357–406.

Pauly, A. *Les Oeuvres de Molière*, 5 vols, (Paris, 1869), V, pp.127–89.

Lacroix, P. *Catalogue de la bibliothèque de Soleinne rédigé par P.L. Jacob*, 5 vols, (Paris, 1843–5).

Lettre sur la comédie de l'Imposteur, attribuée à Molière lui-même, réimprimée textuellement sur la première édition (1667) et précédée d'une notice bibliographique de M. Paul Lacroix (Turin, 1870), pp.XII–75.

Jouaust, D. *Théâtre complet de J.B.P. de Molière*, 8 vols, (Paris 1876–82), V, pp.125–70.

France, A. *Les Oeuvres de J.B.P. Molière*, 7 vols, (Paris, 1876–1906), IV, pp.129–89.

Régnier, A. *Oeuvres complètes de Molière*, 5 vols, (Paris, 1878), II, pp.507–36.

Despois, E. and Mesnard, P. *Oeuvres de Molière*, 13 vols, (Paris, 1873–1900), IV, pp.529–66.

Michaut, G. *Oeuvres complètes*, 11 vols, (Paris, 1948), IV, pp.435–68.

Couton, G. *Oeuvres complètes*, 2 vols, (Paris, 1971), I, pp.1147–80.

Mongrédien, G. *Comédies et pamphlets sur Molière*, Edition critique, (Paris, 1986), pp.129–68.

H. WORKS CONSULTED

The following list makes mention only of those works which have been of greatest use in the course of the preparation of this edition.

Adam, A. *Histoire de la littérature française au XVIIe siècle*, 5 vols, (Paris, 1964).

Les Libertins au XVIIe siècle, (Paris, 1964).

Allainval, Abbé d', *Lettre à Mylord ... sur Baron et la demoiselle Lecouvreur*, (Paris, 1730).

Allier, R. *La Cabale des dévots 1627–1666*, (Paris, 1902).

Aubignac, Fr.H. Abbé d', *La Pratique du théâtre*, ed. H.-J. Neuschäfer, (Munich, 1971).

Dissertation sur la condamnation des théâtres, (Paris, 1666).

Aristotle *On The Art Of Poetry*, tr. I. Bywater, (Oxford, 1962).

Arvon, H. *L'Athéisme*, (Paris, 1967).

Bernier, F. *Abrégé de la philosophie de Gassendi*, 8 vols, (Lyon), 1678.

Bergson, H. *Le Rire, essai sur la signification du comique*, (Paris, 1962).

Boileau-Despréaux, N. *Oeuvres*, ed. G. Mongrédien, (Paris, 1961).

Brun, J. *Les Stoïciens*, (Paris, 1957).

Busson, H. *La Pensée religieuse française de Charron à Pascal*, (Paris, 1933).

Cairncross, J. *New Light on Molière*, (Geneva, 1956).

Charron, P. *De la sagesse*, (Paris, 1986).

Chevalley, S. *Molière en son temps*, (Paris-Geneva, 1973).

Conti, Prince de, *Traité de la comédie et des spectacles, selon la tradition de l'Eglise tirée des Conciles et des Saints Pères*, (Paris, 1666).

Corneille, P. *Writings on the Theatre*, ed. H.T. Barnwell, (Oxford, 1965).

Dubu, J. 'L'Eglise catholique et la condamnation du théâtre au XVIIe siècle', *Quaderni Francesi*, (Naples, 1970).

'De quelques rituels des diocèses de France au XVIIe siècle et du théâtre', (II), in *Année canonique*, VI (1958), pp.99–116.

Emelina, J. *Le Comique, essai d'interprétation générale*, (Paris, 1991).

Freud, S. *Jokes and their Relation to the Unconscious*, tr. J. Strachey, (London, 1960).

Fumaroli, M. 'La Querelle de la moralité du théâtre avant Nicole et Bossuet', *Revue d'Histoire Littéraire de la France*, 70 (1970), pp.1007–30.

Furetière, A. *Dictionnaire universel*, 4 vols, (La Haye, 1727).

Grimarest, Jean Léonor Gallois Sieur de, *La Vie de Monsieur de Molière*, ed. G. Mongrédien, (Paris, 1955).

Gutkind, C.S. *Molière und das komische Drama*, (Halle, 1928).

Hubert, J.D. *Molière and The Comedy of Intellect*, (Berkeley, 1962).

James, E. 'Molière moralized: the *Lettre sur la comédie de l'Imposteur*', *Seventeenth-Century French Studies*, 123 (1991), pp.105–113.

Jasinski, R. *Molière et Le Misanthrope*, (Paris, 1963).

Koestler, A. *The Act of Creation*, (London, 1964).

La Fontaine, J. de, *Fables*, ed. G. Couton, (Paris, 1962).

La Grange, Charles Varlet Sieur de, *Le Registre de La Grange*, 1659–1685, ed. B.E. & G.P. Young, 2 vols, (Paris, 1947).

La Rochefoucauld, F. de, *Maximes*, ed. J. Truchet, (Paris, 1967).

Levi, A. *French Moralists: the Theory of the Passions, 1585–1649*, (Oxford, 1964).

La Mothe Le Vayer, François de, *Dialogues faits à l'imitation des anciens*, (Paris, 1988).

Oeuvres de François de La Mothe Le Vayer conseiller d'Etat ordinaire, 14 vols, (Dresden, 1756–59).

Deux dialogues faits à l'imitation des anciens, ed. E. Tisserand, (Paris, 1922).

Mc Bride, R. 'Un Ami sceptique de Molière', *Studi Francesi*, 47–48 (1972), pp.244–61.

The Sceptical Vision of Molière: a study in paradox, (London, 1977).

Aspects of French Drama & Thought, (London, 1979).

Michaut, G. *Les Luttes de Molière*, (Paris, 1925).

Mongrédien, G. *Molière recueil des textes et des documents du XVIIe siècle relatifs à Molière*, 2 vols, (Paris, 1973).

Montaigne, Michel de, *Essais*, ed. M. Rat, 2 vols, (Paris, 1962).

Moore, W.G. 'Molière's Theory of Comedy', *Esprit Créateur*, 6 (1966), pp.137–44.

Nicole, P. *Traité de la comédie*, ed. G. Couton, (Paris, 1961).

Nurse, P.H. 'Essai de définition du comique moliéresque', *Revue des Sciences Humaines*, 16 (1964), pp.9–24.

Pascal, P. *Oeuvres complètes*, ed. L. Lafuma, (Paris, 1963).

Patin, G. *Lettres*, ed. J.-H. Reveillé-Parise, 3 vols, (Paris, 1946).

Phillips, H. *The Theatre and its Critics in Seventeenth-Century France*, (Oxford, 1980).

Piemme, J.-M. 'Le Théâtre en face de la critique religieuse: un exemple, Pierre Nicole', *XVIIe Siècle*, 88 (1970), pp.49–59.

Pintard, R. *Le Libertinage érudit dans la première moitié du XVIIe siècle*, prefaced by 'Les Problèmes de l'histoire du libertinage: notes et réflexions', (Geneva-Paris, 1983, reprint of first edition, Paris, 1943).

Popkin, R.H. *The History of Scepticism from Erasmus to Descartes*, (Assen, 1960).

Poulet, G. *Etudes sur le temps humain*, (Edinburgh, 1949), pp.79–88.

Robert, R. 'Des commentaires de première main sur les chefs-d'oeuvre les plus discutés de Molière', *Revue des Sciences Humaines*, 81 (1956), pp.19–49.

Romano, D. *Essai sur le comique de Molière*, (Berne, 1950).

Salomon, H.P. *Tartuffe devant l'opinion française*, (Paris, 1962).

Scherer, J. *Structures de Tartuffe*, (Paris, 1966).

Spink, J.S. *French Free-Thought from Gassendi to Voltaire*, (London, 1966).

Urbain, Ch. et Levesque, E. *L'Eglise et le théâtre*, (Paris, 1930).

Voltaire, *Sommaire du Tartuffe*, (Paris, 1739).

Wickelgren, F. *La Mothe Le Vayer, sa vie et son oeuvre*, (Paris, 1934).

EDITOR'S NOTE

The text given here is that of the original edition of 1667.

I have respected the orthography and accentuation of this edition, while distinguishing 'i' from 'j', 'v' from 'u', printing both modern 's' and 'et'. Some variations in the form of the same word are found, i.e. 'temps' and 'tems', 'maistre' and 'maitre', and I have left them in the text where no problem of comprehension arises. Obvious printing errors have been corrected and the list of errata found in an extant copy of the 1667 text has been omitted. Punctuation of the original edition is capricious by modern standards, with prevalence of colons where modern usage would require either semi-colons or commas. I have tried to bring this into line with modern usage, as far as possible. Original pagination is represented by the number of the page in square brackets []. Variants of the 1668 edition are given. I have not generally retained variant spellings, and obvious misprints have been corrected. Original paragraphs have been kept. In the letter, the principal characters of *L'Imposteur* have proper names with the exception of Le Mary, La Dame, Le Beau-frère, La Vieille, designated respectively as Orgon, Elmire, Cléante and Mme Pernelle in *Le Tartuffe* of 1669. I have taken the liberty of retaining the latter names for ease of reference and intelligibility throughout the Introduction and Appendix I.

I am greatly indebted to previous editors of the text, notably Paul Lacroix, E. Despois and P. Mesnard, Georges Couton and Georges Mongrédien. I am most grateful to the University of Ulster for leave of absence January-March 1991 and for the generous provision of research grants. I have benefited from the helpfulness of my colleagues Dr J.H. Gillespie, Chairman of the Research Sub-Committee of the Faculty of Humanities and Dr R.A. York, Head of the Department of European Studies and modern languages, University of Ulster, Mme Michèle Thomas, librarian, Bibliothèque de l'Arsenal, Paris, Miss Eileen Tyrell, librarian, University of Ulster at Coleraine, as well as from the computing expertise of Norman Blair, John Lannon and Brendan O'Kane. I am indebted to Dr D. Hillery, General Editor, and Janet Starkey, of Durham Modern Language Series, and to my fellow Moliériste Mr Noël Peacock, Head of the French Department, University of Glasgow, for their most helpful editorial comments and advice. My wife Valerie has, as always, been my unfailing source of encouragement and support during the time spent on the edition. To her, as to Jean and Marguerite Dubu whose warm friendship and gracious hospitality it has been my privilege to enjoy over many years, it is a great pleasure to record here my affectionate gratitude.

NOTES TO INTRODUCTION

1. H. Phillips, *The Theatre and its Critics in Seventeenth-Century France*, (Oxford, 1980), p.138.
2. See the reproduction of the scene in 1673 by Israel Silvestre in H. Purkis, 'L'Illusion théâtrale', *Studi Francesi*, XXI (1977), p.417, p.411.
3. *Le Registre de La Grange*, 1659–1685, ed. B.F. & G.P. Young, (Paris, 1947), p.67.
4. This critic followed a suggestion by the historian J. Michelet, *Les Luttes de Molière*, (Paris, 1922–5), pp.64ff.
5. Molière, *Oeuvres complètes*, ed. Despois & Mesnard, (Paris, 1873-93), IV, p.231, n.4. This edition is hereafter referred to as G.E.
6. G.E.IV, p.232, n.1.
7. *Annales de la Compagnie du Saint-Sacrement*, 17 April, 1664, in G. Mongrédien, *Molière recueil des textes et des documents du XVIIe siècle*, (Paris, 1973), I, p.214.
8. Writing in 1702 on the authority of Boileau, who was closely involved in the attempt in 1667 to have the subsequent ban rescinded. From the context of his remarks, it is clear that Hardouin's opposition dated from 1664:
   Quand Molière composait son Tartuffe, il en récita au Roi les trois premiers actes. Cette pièce plut à Sa Majesté qui en parla trop avantageusement pour ne pas irriter la jalousie des ennemis de Molière, et surtout la cabale des dévots. M. de Péréfixe, archevêque de Paris, se mit à leur tête et parla au Roi contre cette comédie, *Molière recueil*, I, p.290.
9. Ibid., p.216.
10. Molière, *Premier placet présenté au roi sur la comédie du Tartuffe*, in *Oeuvres complètes*, ed. G. Couton, (Paris, 1971), I, p.890. References and quotations to plays are from this edition, unless otherwise stated; *Molière recueil*, I, p.222; G.E.IV, p.288; La Grange, *Registre*, I, p.69.
11. *Molière recueil*, I, p.229, p.249.
12. Ibid., I, p.307, p.319.
13. G.E.IV, p.231.
14. J. Cairncross, *New Light on Molière*, (Geneva-Paris, 1956); G. Michaut, *Les Luttes ...*, pp.64ff; J.J. Weiss, *Molière*, (Paris, 1900); P.H. Morf, *Aus Dichtung und Sprachen der Romanen*, (Berlin & Leipzig), 1922, pp.67–107.

15 Ed. cit., I, pp.889–91.
16 See Loret, *Muze historique*, 24 May 1664, in *Molière recueil.*, I, p.217:
   Afin de repousser l'outrage
   Il a fait coup sur coup voyage
   Et le bon droit représenté
   De son travail persécuté;
17 *Discours au roi*, in *Oeuvres*, ed. G. Mongrédien, (Paris, 1961), p.19.
18 *La Gazette*, 17 May 1664, in *Molière recueil*, I, p.216.
19 *Molière recueil*, I, p.290. This squares with the official account of 1664, attached to *La Princesse d'Elide*, in G.E.IV, pp.231–2. See also the sentence added in the edition of 1682.
20 Brossette confirms the king's irritation with *dévots* at court, *Molière recueil*, I, p.290.
21 *La Vie de M. de Molière*, ed. G. Mongrédien, (Paris, 1955), p.96.
22 See the observation by B.A. Sieur de Rochemont in 1665 in his *Observations sur une comédie de Molière intitulée Le Festin de Pierre:* 'L'on sait qu'il (Molière) se vante hautement qu'il fera paraître son *Tartuffe* d'une façon ou d'une autre', in ed. cit., II, p.1206.
23 Grimarest, ed. cit., p.96. The receipts amounted to 1890 livres, compared to 2860 livres for the première of the final version of 1669, according to La Grange, see *Molière recueil*, I, p.285, p.329. Robinet's *Lettre en vers* of 6 August observes of *L'Imposteur* that

   Tout viendra l'écouter.
   ....
   Dès hier, en foule on le vit,
   Et je crois que longtemps on le verra de même;
   On se fait étouffer pour ouïr ce qu'il dit,
   Et l'on le paye mieux qu'un prêcheur de carême.
                                      G.E.IV, pp.313–14.
24 *Molière recueil*, I, p.287. La Grange's eye-witness account is to be preferred to that of Brossette who states that the interdiction took place on the day of the performance, ibid., I, p.290. Cf. Voltaire's account of the episode:
   La première représentation fut donc faite à Paris, le 5 août 1667. Le lendemain on allait la rejouer; l'assemblée était la plus nombreuse qu'on eût jamais vue; il y avait des dames de la première distinction aux troisièmes loges; les acteurs allaient commencer, lorqu'il arriva un ordre du premier président du Parlement, portant défense de jouer la pièce, *Sommaire du Tartuffe*, 1739, G.E. IV, p.368.
25 Ed. cit., I, pp.891–3.
26 La Grange, *Registre*, p.91.

NOTES TO INTRODUCTION 61

27 *Molière recueil*, I, pp.290-2.
28 See the *Lettre* [p.47]. (Page numbers within square brackets refer to the original pagination of the first edition of the *Lettre* and are so given throughout this edition). As Brossette recounts, the story circulated that Molière, on hearing of the interdiction by the Premier Président, had announced to the audience that 'M. le premier Président ne veut pas qu'on le joue (l'équivoque est dans ce mot le, qui se peut rapporter à M.le premier Président aussi bien qu'au *Tartuffe*). M. Despréaux m'a dit que cela n'était pas véritable, et qu'il savait le contraire par lui-même', in *Molière recueil*, p.291. Voltaire repeats the story in *Sommaire du Tartuffe*, (second edition, 1764, first edition 1739, G.E.IV, pp.368-9), having borrowed it from the abbé d'Allainval, *Mémoires sur Molière*, in *Lettre à Mylord ... sur Baron et Mlle Le Couvreur*, (Paris, 1730), pp.vi-vii.
29 The text of the *Ordonnance* is found in *Molière recueil*, I, pp.292-3, and ed. cit., I, pp.1145-6.
30 *Molière recueil*, I, p.291.
31 Ed. cit., I, p.1145.
32 'Toute charmante qu'elle soit, la scène de dépit amoureux ne laisse pas de faire longueur', Michaut, *Les Luttes ...*, pp.118-119.
33 See Molière's somewhat different reason for the delay in introducing the character, in his *Préface*, ed. cit., I, p.884.
34 The favourite terms are 'admirablement' (8 times), 'admirable' (5), 'divinement' (2), 'merveilleusement' (4), 'parfaitement' (2), 'excellemment' (2), 'excellent' (2).
35 In his *Sommaire du Tartuffe*, Voltaire extols Cléante's speeches to Orgon as being 'à quelques expressions près, le plus fort et le plus élégant sermon que nous ayons en notre langue', G.E.IV, p.369. In his *Préface*, Molière simply describes him as a 'véritable homme de bien', ed. cit., I, p.884.
36 Lucid expositions of the psychology of credulity from divergent vantage points are given by the doctor Filerin, who exploits it (*L'Amour médecin*, III,1), and by Béralde, who exposes it, (*Le Malade imaginaire*, III, 3).
37 Cf. Voltaire's reference to 'la dévotion imbécile d'Orgon' for Tartuffe, *Sommaire du Tartuffe*, G.E.IV, p.369. Orgon belongs to those 'superstitieux ignorans et indiscrets' so anathema to La Mothe Le Vayer, while Panulphe moves among those 'qui cherchent dans ce zéle hypocrite l'impunité à toute sorte de licence', *Rapports de l'histoire profane à la sainte*, *Oeuvres de François de La Mothe Le Vayer*, (Dresden, 1756-59), VI, (2e partie), 12e vol., p.406. References are to this edition throughout, unless otherwise indicated.

38 *Prose chagrine*, in op. cit., III, (1ʳᵉ partie), 5ᵉ vol., p.314.
39 *Dialogues faits à l'imitation des anciens*, (Paris, 1988), p.314.
40 Ibid., p.348.
41 Ibid., p.330, p.338.
42 Ibid., p.359. Cf. the similar phrase of John Calvin: 'Unde colligere licet hominis ingenium perpetuam, ut ita loquar, esse idolorum fabricam', *Institutio Christianae Religionis*, I, xi, p.8. Both derive ultimately from the second commandment of the decalogue in *Exodus* XX.4. P. Charron issues strong condemnation of 'cette philautie, presomption, et folle amour de soy-mesmes, peste de l'homme, ennemy capital de sagesse, vraye gangrene et corruption de l'ame; par laquelle nous nous adorons et demeurons tant contens de nous, nous nous escoutons et nous croyons nous-mesmes', in *De la sagesse*, (Paris, 1986), II, 1, p.383.
43 Ibid., p.367.
44 Ibid., p.364. Cf. Pascal: 'On se persuade mieux pour l'ordinaire par les raisons qu'on a soi-même trouvées que par celles qui sont venues dans l'esprit des autres', *Pensées* (No.737), in *Oeuvres complètes*, ed. L. Lafuma, (Paris, 1963), p.596.
45 *De l'impiété*, in op. cit., VII, (2ᵉ partie), 14ᵉ vol., p.93, p.99–100. In *De la religion* he writes that 'on ne doit pas employer indifféremment cette sorte d'injure qui taxe, soit d'heresie, soit d'impieté', in op. cit., III, (2ᵉ partie), 6ᵉ vol., p.422. In *Dialogue sur le subjet de la divinité* he warmly endorses the view that there is 'plus d'une voye de pieté et de devotion qui nous conduit droit au Ciel, et vraisemblablement Dieu se plaist, comme la Nature par tout, en cette varieté', *Dialogues*, p.332. Cf. Voltaire's phrase that 'un Anglais comme homme libre, va au Ciel par le chemin qui lui plaît', *Lettres philosophiques*, ed. G. Lanson, (Paris, 1964, 1st edition 1909), p.61. Montesquieu allows his Persan traveller in France to criticize the 'esprit d'intolérance' so rife among people of different religions, *Lettres persanes*, in *Oeuvres complètes*, ed. R. Caillois, (Paris, 1949), I, p.259.
46 In *De la divinité* Le Vayer makes religion synonymous with 'le droit usage de la raison naturelle', *Dialogues*, p.333. The use of reason is thus freed from restriction: 'Aussi est-il permis d'employer par tout ailleurs nôtre raison; de soutenir ce que nous jugeons lui être le plus conforme; et d'interpreter souvent l'Ecriture, qui est la parole de Dieu, par les oeuvres de la Nature, ou pour mieux dire de lui-même', *De la dévotion*, in op. cit., VI, (1ʳᵉ partie), 11ᵉ vol., p.228. The principal function of religion is an ethical one, making us desire reasonable ends, *De la religion*, p.411.

47 See A. Levi, *French Moralists: The Theory of the Passions 1585–1649*, (Oxford, 1964), p.28: 'For the stoics the 'ratio'denoted simply a law implanted by God in nature and in the mind, a 'divine' principle in man, and as such it was essentially an ethical norm'.
48 *Pensées*, (No.7), in ed. cit., p.502. Cf. no.769, p.598: 'Toutes les religions et les sectes du monde ont eu la raison naturelle pour guide; les seuls chrétiens ont été astreints à prendre leurs règles hors d'eux-mêmes, et à s'informer de celles que Jésus-Christ a laissées aux anciens pour nous et retransmises aux fidèles'.
49 *De la dévotion*, p.232.
50 *De la religion*, p.423, p.418, p.424. Montaigne in *Apologie de Raimond Sebond* terms curiosity in religious matters 'un mal naturel et originel en l'homme', preferring 'une ame vuide, docile, et présumant peu de soy', *Essais*, (Paris, 1962), I, p.552.
51 *De l'opiniastrete*, in *Dialogues*, p.367.
52 See also lines 1607–10.
53 See J. Brun, *Les Stoïciens, Textes choisis*, (Paris, 1957), pp.98–101. In *De la prudence* Le Vayer writes that 'il n'y a point d'homme si confirmé dans la sagesse, qui n'ait quelques momens où elle semble l'abandonner', in op. cit., III, (2ᵉ partie), 6ᵉ vol., p.405. In *Promenades en neuf dialogues* (6), the Stoic wise man is dismissed as 'ce simulacre de Vertu', in op. cit., IV, (1ʳᵉ partie), 7ᵉ vol., p.178.
54 *Pensées*, No.211, in ed. cit., p.529.
55 *De la connoissance de soi-méme*, in op. cit., III, (2ᵉ partie), 6ᵉ vol., p.454.
56 *De la vertu des payens*, in op. cit., V, (1ʳᵉ partie), 9ᵉ vol., p.14, p.18, p.28, p.6.
57 *De la dévotion*, p.230.
58 Ed. cit., I, p.890, p.884.
59 *La Pensée religieuse de Charron à Pascal*, (Paris, 1933), p.3.
60 In A. Adam, *Histoire de la littérature française au XVIIe siècle*, (Paris, 1962), I, p.173.
61 On Richelieu's attitude towards the theatre, see the seminal article by J. Dubu, 'L'Eglise catholique et la condamnation du théâtre au XVIIe siècle', *Quaderni Francesi*, (Naples, 1970), I, pp.4–5.
62 *La Pratique du théâtre*, ed. H.-J. Neuschäfer, (Munich, 1971), p.14.
63 *L'Eglise et le théâtre*, ed. Ch. Urbain & E. Levesque, (Paris, 1930), p.10.
64 *Discours de l'utilité et des parties du poème dramatique*, in *Writings on the Theatre*, ed. H.T. Barnwell, (Oxford, 1965), pp.3–4.
65 *Examen* of *Théodore*, in *Writings on the Theatre*, pp.127ff.
66 H. Phillips, op. cit., pp.12–13.
67 Art. cit.

68 Art. cit., p.8.
69 *La Pratique*, pp.35–45.
70 Ibid., chapitre additionnel Manuscrit, *Molière recueil*, pp.233–4. Cf. B.A. Sieur de Rochemont: 'Molière a ruiné tout ce que ce sage politique (Richelieu) avait ordonné en faveur de la comédie, et d'une fille vertueuse, il en a fait une hypocrite', *Observations sur le Festin de Pierre*, in ed. cit., II, pp.1201–2.
71 J. Dubu, art. cit., p.13. In July 1662 Racine, writing from Uzès, records that 'Une troupe de comédiens s'étaient venus (*sic*) établir dans une petite ville proche d'ici, il (le Prince de Conti) les a chassés et ils ont passé le Rhône pour se retirer en Provence', in *Lettres d'Uzès*, Textes établis, présentés et annotés par Jean Dubu, (Nîmes, 1991), p.101.
72 (Paris, 1666), pp.36–7, p.23, pp.66–7.
73 *Oeuvres complètes de Racine*, ed. R. Picard, (Paris, 1966), II, p.13.
74 *Traité de la comédie*, ed. G. Couton, (Paris, 1961), p.63. Although not published until 1667, this treatise was written several years earlier.
75 *Writings on the Theatre*, pp.170–1.
76 *Traité*, pp.61–2.
77 [p.81], [pp.93–4].
78 *Molière recueil*, I, p.291 and *Lettre*, [p.80].
79 Ed. cit., I, p.884. Godeau had also made the same point as the Premier Président in 1654: although the theatre is capable of instructing spectators,
 Mais pour changer leurs moeurs et régler leur raison
 Les chrétiens ont l'Eglise et non pas le théâtre.
  Poésies chrétiennes, (Paris, 1654), p.464.
As G. Couton notes, Molière would have known these lines since Conti had used them in his diatribe against the theatre in 1666, ed. cit., I, p.1327.
80 [pp.80–2].
81 [pp.82–6].
82 [pp.83–8].
83 [pp.33–8].
84 [pp.33ff].
85 Couton, ed. cit., I, p.885.
86 [pp.120–1].
87 Ed. cit., I, p.885.
88 See R. Mc Bride, 'Un Ami sceptique de Molière', *Studi Francesi*, 47–8 (1972), pp.246–8.
89 *Des récréations honnêtes*, in op. cit., VI, (2e partie), 12e vol., p.263.
90 [p.34].

91 For Nicole, a play is 'une école et un exercice de vice', *Traité*, p.42. Conti had already described Molière's *Dom Juan* as 'une école d'athéisme', *Traité*, p.24.
92 Ed. cit., I, pp.885–6.
93 *Des récréations honnêtes*, p.264; *Lettre*, [p.88].
94 [pp.90–1].
95 [pp.91–2].
96 Ed. cit., I, pp.884–5.
97 *Des récréations honnêtes*, p.264, p.266.
98 [p.34], [p.92].
99 Ed. cit., I, p.886. See note on Scipio's presumed collaboration with Terence in ibid., p.1329, n.3 to this page.
100 *Des récréations honnêtes*, p.261.
101 [p.90].
102 Ed. cit., I, p.886.
103 [p.35].
104 Ed. cit., I, p.886.
105 *Des récréations honnêtes*, p.261.
106 [p.92].
107 Ed. cit., I, pp.886–7.
108 Nicole, *Traité*, p.62, *Pensées*, ed. cit., No.764, p.597.
109 For Le Vayer and Gassendi, there is necessary interaction between the soul and the sense impressions originating in the corporeal faculty of the imagination. To the former, it is not surprising on this account to note the different perceptions of reality which result, see *De l'âme*, in op. cit., III, (2ᵉ partie), 6ᵉ vol., pp.178–9. Gassendi distinguishes between the 'âme raisonnable' and the 'âme irraisonnable'. The first is incorporeal, and peculiar to man, the second corporeal and shared with the animals, and includes the province of the imagination, see F. Bernier, *Abrégé de la philosophie de Gassendi*, (Lyon, 1678), V, Tome VI, Livre III, I, pp.237–8.
110 As E. James argues cogently in 'Molière moralized: The *Lettre sur la comédie de l'Imposteur*', *Seventeenth-Century French Studies*, XIII (1991), pp.105–113.
111 *La Morale du Prince*, in op. cit., I, (2ᵉ partie), 2ᵉ vol., pp.264-5, pp.282–3. See also *De la connoissance de soi-même:* '... l'on s'appercevra aisément qu'il n'y a que le commencement du Vice qui puisse un peu flatter, sa fin étant toûjours misérable; au lieu que la joie qui suit la Vertu lui tient fidele compagnie, et demeure éternellement', in op. cit., III, (2ᵉ partie), 6ᵉ vol., pp.456–7. On the philosophic origins of this definition, see A. Levi, op. cit., p.164.

112 For H. Bergson's use of the same principle, see note 292 to the *Lettre.*
113 *De la prudence,* in op. cit., III, (2ᵉ partie), 6ᵉ vol., p.406; cf. the similar comparison between hypocrites and animals in *Rapports de l'histoire profane à la sainte:* 'En effet, ce qu'on remarque dans la fausse réligion de fort semblable à la bonne, est ce qui la rend plus rejettable et plus criminelle; comme le Singe n'a rien, qui le rende plus laid et plus ridicule, que d'approcher, comme il fait, de la figure humaine, sans la posseder', in op. cit., VI, (2ᵉ partie), 12ᵉ vol., p.399.
114 *De la prudence,* p.406.
115 Ibid., p.407. 'Pour l'homme avisé, la sagesse est de surveiller sa conduite, mais la folie des sots n'est que tromperie', *Les Proverbes* XIV.8; 'Le sage se dirige bien, l'insensé va de travers', *L'Ecclésiaste X*.2 (*La Bible de Jérusalem*). As Le Vayer frequently admits, reality is sometimes less clear cut than this ideal, see *Des habitudes vertueuses,* op. cit., VII, (2ᵉ partie), 14ᵉ vol., p.28, *Du mensonge,* op. cit., III, (1ʳᵉ partie), 5ᵉ vol., p.123, *De la fortune,* op. cit., III, (2ᵉ partie), 6ᵉ vol., pp.297-8, *De la vertu des payens,* op. cit., V, (1ʳᵉ partie), 9ᵉ vol., p.103.
116 *Molière & The Comedy of Intellect,* (Berkeley, 1962), p.107.
117 He condemns as dogmatism Vaugelas' obsession with linguistic niceties in *Des nouvelles remarques sur la langue française,* op. cit., VI, (2ᵉ partie), 12ᵉ vol., pp.1-71.
118 Ibid., p.14.
119 Ibid., pp.45-6. For further examples of 'cela supposé', see also *Petit discours chrétien de l'immortalité de l'Ame,* op. cit., III, (1ʳᵉ partie), 5ᵉ vol., p.406, *Petit traité sceptique sur cette commune façon de parler: n'avoir pas le sens commun,* V, (2ᵉ partie), 10ᵉ vol., p.136; 'cela présupposé', *De la vertu des payens,* p.168, 'cela étant', ibid., p.174.
120 *Petit traité sceptique,* p.152.
121 *Dialogue sur l'opiniastrete,* op. cit., p.368.
122 *Petit discours chrétien,* p.448.
123 *Petit discours chrétien,* p.454.
124 Ibid., pp.437-40. This type of construction flourishes particularly whenever he brings a battery of arguments to bear upon a specific point, see for example *Dialogue sur l'opiniastrete.*
125 *Petit traité sceptique,* pp.179-80. Other examples of the construction are found in *De la divinité,* p.308, p.329, p.347, p.348; *De l'opiniastrete,* p.356, p.371, p.373, p.375, *De la religion,* p.422, *Petit discours chrétien,* p.480, etc.
126 *Prose chagrine,* in op. cit., III, (1ʳᵉ partie), 5ᵉ vol., p.354. See also pp.346-7.
127 *Petit discours chrétien,* pp.453-4.

128 Ibid., p.462. Cf. Pascal, *Pensées*, No.83: 'Les sciences ont deux extrémités qui se touchent, la première est la pure ignorance naturelle où se trouvent tous les hommes en naissant, l'autre extrémité est celle où arrivent les grandes âmes qui ayant parcouru tout ce que les hommes peuvent savoir trouvent qu'ils ne savent rien et se rencontrent en cette même ignorance d'où ils étaient partis, mais c'est une ignorance savante qui se connaît', ed. cit., pp.509–10. The idea of learned ignorance goes back to the Socratic teaching method (c.400 B.C), and was given a Christian slant by St. Paul in *Epistle to Corinthians* I, ch.1–3. It was used by Sextus Empiricus (c.A.D.200), by Nicolas of Cusa, *De docte ignorantia*, (1440), and Thomas à Kempis, *Imitatio Christi* (1441). Erasmus and Agrippa von Nettesheim use it against scholasticism in *Encomium Moriae* (1509) and *De Incertitude et vanitate scientiarum* (1526). Montaigne applies it in his *Apologie de Raimond Sebond* and his *Essais*, as do Charron in *De la sagesse* (1601), and Le Vayer, notably in *De la divinité*.
129 *Petit traité sceptique*, p.136.
130 *Petit discours chrétien*, p.441, p.447. See also *Petit traité sceptique*, p.152, p.160, for the same construction.
131 *Prose chagrine*, pp.257–8.
132 *Petit discours chrétien*, p.426, p.431. See also his arguments against those who, basing themselves on St Augustine, think that the virtues of the ancients are merely sins: 'Nous tirerons avec facilité de ces passages (from St Augustine) l'explication qu'on doit donner à d'autres textes du même Auteur ... Et il sera aisé de faire voir ensuite par l'autorité de tous les Peres de l'Eglise ... de quelle façon il doit être toûjours interpreté ...', op. cit., V, (1re partie), 9e vol., p.5. Also *Promenades*, (6), p.182: 'Il est aisé de répondre à cette objection ...'
133 The phrase 'Je sai' is widely used by Le Vayer as he feigns to concede or admit or anticipate possible objections, and is preparatory to his own counterargument. For examples of this, followed by conjunctions of opposition, usually 'mais', as in the *Lettre*, see *Petit traité sceptique*, pp.153–4, *Promenades*, (9), p.255, *Prose chagrine*, p.262, *Des serviteurs*, in op. cit., III, (2e partie), 6e vol., p.273, *De la prudence*, ibid., pp.40–67.
134 *Petit discours chrétien*, p.430, p.480. See also p.436 for a similar expression of confidence in his demonstrative ability. The phrase 'au lieu que' [p.112], is frequently found in Le Vayer's arguments, see *Petit discours chrétien*, p.400, p.458. The letter's valedictory formula presented by 'voila' [p.38], [p.122], is also frequently used by Le Vayer to terminate the presentation of a series of arguments, see *Petit discours*, p.421, p.465.

135 This tortuous dialectic is one of Le Vayer's customary tactics when reviewing or summarizing controversial subjects. The accumulation of carefully balanced opinions allows him to present the appearances of neutrality while subtly inserting his own judgement. Regarding the question of the immortality of the soul, '... il s'est trouvé des personnes qui ont eu si peu d'ame, qu'ils ont osé prononcer qu'il n'y en avoit point du tout ... D'autres prenant le contrepied de ceux-ci ... ', 'Si l'Ame disent-ils ... étoit si excellente que suppose son immortalité ... D'où ils concluent... ' *Petit discours chrétien*, pp.415–6, p.434.

The most sustained example of this dialectic is to be found in *De la divinité*, where the discussion on the existence of God is constructed around a series of arguments made to oscillate in bewildering fashion between the self-cancelling poles of 'les uns' and 'les autres'.

136 *Lettre de l'autheur, Quatre dialogues*, p.14. 'La comédie bien composée est l'image de cette vie', *Promenades*, (9), p.248; 'L'on compare ordinairement la vie des hommes à une Comedie, et certes les différens personnages qu'on y jouë, et la plûpart des choses qui s'y passent, rendent fort juste cette comparaison', *Sur les mariages*, III, (2ᵉ partie), 6ᵉ vol., p.14.

137 Retirement from court gives him the opportunity for even greater self-indulgence in mockery at the ways of the world: 'Ce sera un à parte du personnage que j'y jouë', *Prose chagrine*, p.241.

138 *Petit traité sceptique*, p.175, *Prose chagrine*, p.244.

139 p.401.

140 A similar tactic is used in *De la divinité*, where he lists the traditional proofs of God's existence, going on to say that 'Les athées neantmoins eludent tous ces arguments, dont ils soustiennent n'y en avoir aucun demonstratif, ce qui leur est rendu assez facile par les regles d'une exacte Logique ...', p.318.

141 *Le Libertinage érudit dans la première moitié du XVIIe siècle*, (Geneva-Paris, 1983), p.505, p.520. (First edition 1943).

142 Op. cit., p.12, p.142.

143 Op. cit., p.141. A similar universal application of the term is found in *Dialogues, Lettre de l'autheur*, p.14, p.131.

144 Ibid., pp.139–40.

145 *Petit traité sceptique*, p.125.

146 Op. cit., pp.252ff. Molière draws on the irascible *humeur* of *Prose chagrine* for Alceste in *Le Misanthrope*, see I,1, ll.89–96; also R. Jasinski, *Molière et le Misanthrope*, (Paris, 1963), pp.259–75, R. Mc Bride, *The Sceptical Vision of Molière: a study in paradox*, (London, 1977), pp.110ff.

147 Op. cit., (6), pp.194–5.

148 Op. cit., p.482. The same Senecan maxim is also quoted by Montaigne, *De l'inconstance de nos actions*, in op. cit., I, p.372. See also Le Vayer's discussion of the wise man of the Stoics, *Promenades*, (6), pp.176ff.
149 *Prose chagrine*, p.254.
150 *Petit traité sceptique*, p.178. Cf. Pascal's description and use of the universal and varied ascendancy over us of folly, to which he gives the name imagination: 'Elle a ses heureux, ses malheureux, ses sains, ses malades, ses riches, ses pauvres. Elle fait croire, douter, nier la raison ... Elle a ses fous et ses sages. Et rien ne nous dépite davantage que de voir qu'elle remplit ses hôtes d'une satisfaction bien autrement pleine et entière que la raison ... elle ne peut rendre sages les fous mais elle les rend heureux, à l'envi de la raison qui ne peut rendre ses amis que misérables ... ', *Pensées*, ed. cit., No.44, p.504. See also the appeal of wisdom which falls on deaf ears in *Proverbs* I. 20–33.
151 Ibid., p.179. Cf. Philinte's advice to Alceste: 'le monde par vos soins ne se changera pas', *Le Misanthrope*, I, 1, l.103, echoed by Boileau, *Satire X*: 'N'allons donc point ici réformer l'univers', and 'Laissons là, croyez-moi, le monde tel qu'il est', ed. cit., p.71.
152 p.168. Cf. *Promenades*, (6), p.178: 'Qu'y a-t-il de plus imbecille que l'homme de quelque côté qu'on le considére? Et nôtre vie ... n'est-elle pas une maladie continuée et compliquée ...' See also Montaigne, op. cit., I, 50, p.337.
153 *Le Barbier de Séville*, I, 2.
154 Cf. La Rochefoucauld, *Maximes*, No.311: 'S'il y a des hommes dont le ridicule n'ait jamais paru, c'est qu'on ne l'a pas bien cherché', ed. J. Truchet, (Paris, 1967), p.77.
155 Ed. cit., I, p.1000.
156 In *Oeuvres*, I, (Paris, 1739), LXXXIX-X. This catalogue did not appear in the same editor's edition of Molière's plays in 1734.
157 II, p.92.
158 p.130.
159 (Turin, 1870), p.XII. G. Michaut thought this edition lost: 'Grosley, nous le savons, disait en avoir une édition, maintenant inconnue, datée du 20 août 1667', *Les Luttes ...*, p.82, n.1.
160 *Molière commenté d'après les observations de nos meilleurs critiques*, pp.141–207; *Mémoires sur Molière...*, p.265. See Section G for full bibliographical details of editions of the letter.
161 V, p.4.
162 IV, p.243, n.1.
163 *Catalogue de la bibliothèque dramatique de Soleinne rédigé par P. Lacroix*, (Paris, 1843–5), 5, p.101.

164 Ibid., p.65.
165 pp.IX-X.
166 *Oeuvres de Molière*, II, pp.597–602.
167 IV, p.392.
168 III, pp.35–67.
169 II, p.507.
170 IV, p.328.
171 *Oeuvres complètes* de Molière, (Paris,1948), IV, pp.435–68; *Oeuvres complètes* de Molière, (Paris,1935-52), V, p.352; ed. cit., I, pp.1147–80 for the text, and pp.1404–5 for the editor's comments about authorship of the letter.
172 *Les Luttes* ... , p.82, n.1; *Oeuvres complètes*, IV, pp.435–68.
173 'Commentaires de première main sur les chefs-d'oeuvre les plus discutés de Molière', *Revue des Sciences Humaines*, 81 (1956), pp.19–49.
174 *Molière recueil*, I, pp.262–3. Grimarest writes that Molière, angered that 'cette rapsodie' had been published without his participation, forbad his publisher Ribou to sell copies of his play containing it, and had remaining copies of it burned, ed. cit., p.92.
175 *Comédies et pamphlets sur Molière*, ed. Georges Mongrédien (Paris, 1986), p.124. The letter is on pp.129–68. Cf. the comment of F. Mallet: 'La rigueur du texte semble démontrer, outre la collaboration de Molière, celle d'un troisième auteur, (after Chapelle, Molière) à la fois versé dans l'éloquence et dans les questions religieuses et philosophiques, le nom de La Mothe Le Vayer peut être avancé, sinon assuré', in *Molière*, (Paris, 1986), p.115.

LETTRE
SUR LA COMEDIE
DE
L'IMPOSTEUR.

Cette Lettre a été réimprimée en 1670 sous le titre d'observations, et le tartuffe déguisé dans cette L^{re} Ed^{on} sous le nom de Panulfe, y paroit sous son véritable nom.

MDCLXVII.

c'est l'unique différence du <abbr>tems</abbr> D^{ons}
(où est cette note de la main
de hayet de couronne.)

LETTRE SUR LA COMEDIE DE L'IMPOSTEUR[1]

AVIS

CETTE *Lettre est composée de deux parties: la premiere est une relation de la representation de l'Imposteur, et la derniere consiste en deux reflexions sur cette Comedie. Pour ce qui est de la relation, on a crû qu'il étoit à propos d'avertir ici, que l'Auteur n'a vû la piece qu'il raporte que la seule fois qu'elle a été representée en public, et sans aucun dessein d'en rien retenir, ne prevoyant pas l'occasion qui l'a engagé à faire ce petit Ouvrage: ce qu'on ne dit point pour le louër de bonne memoire, qui est une qualité pour qui il a tout le mépris imaginable;[2] mais bien pour aller audevant de ceux qui ne seront pas contens de ce qui est inseré des paroles de la Comedie dans cette Relation, parce qu'ils voudroient voir la piece entiere, et qui ne seront pas assez raisonnables pour considerer la difficulté qu'il y a eu à en retenir seulement ce qu'on en donne ici. L'Auteur s'est contenté la plûpart du tems de rapporter à peu prés les mêmes mots, et ne se hazarde guere à mettre des vers:[3] il lui étoit bien aisé, s'il eût voulu, de faire autrement, et de mettre[4] tout en vers ce qu'il rapporte, de quoi quelques gens se seroient peut-être mieux accommodez; mais il a crû devoir ce respect au Poëte dont il raconte l'ouvrage, quoi qu'il ne l'ait jamais vû que sur le theatre, de ne point travailler sur sa matiere, et de ne se hazarder pas à défigurer ses pensées, en leur donnant peutêtre un tour autre que le sien.[5] Si cette retenue et cette sincerité ne produisent pas un effet fort agreable, on espere du moins qu'elles paroitront estimables à quelquesuns, et excusables à tous.*

Des deux reflexions qui composent la derniere partie, on n'auroit point vû la plûpart de la derniere, et l'Auteur n'auroit fait que la proposer sans la prouver, s'il en avoit été crû, parcequ'elle lui semble trop speculative;[6] mais il n'a pas été le maitre; toutefois, comme il se défie extremement de la delicatesse des esprits du siecle, qui se rebutent à la moindre apparence de dogme, il n'a pû s'empécher d'avertir dans le lieu méme, comme on verra, ceux qui n'aiment pas le raisonnement,[7] qu'ils n'ont que faire de passer outre. Ce n'est pas qu'il n'ait fait tout ce que la brieveté du tems et ses occupations de devoir lui ont permis, pour donner à son discours l'air le moins contraint, le plus libre et le plus dégagé qu'il a pû;[8] mais comme il n'est point de genre d'écrire plus difficile que celui-là, il avoüe de bonne foi qu'il auroit encor besoin de cinq ou six mois pour mettre ce seul discours du Ridicule, non pas dans l'état de perfection dont la matiere est capable, mais seulement dans celui qu'il est capable de lui donner.

En general on prie les Lecteurs de considerer la circonspection dont l'Auteur a usé dans cette matiere, et de remarquer que dans tout ce petit Ouvrage il ne se trouvera pas qu'il juge en aucune maniere de ce qui est en question, sur la Comedie qui en est le sujet. Car pour la premiere partie, ce n'est, comme on a déja dit, qu'une relation fidele de la chose, et de ce qui s'en est dit pour et contre par les intelligens; et pour les reflexions qui composent l'autre, il n'y parle que sur des suppositions, qu'il n'examine point. Dans la premiere il suppose l'innocence de cette piece, quant au particulier de tout ce qu'elle contient, ce qui est le point de la question, et s'attache simplement à combattre une objection generale qu'on a faite, sur ce qu'il est parlé de la Religion;[9] et dans la derniere, continuant sur la même supposition, il propose une utilité accidentelle qu'il croit qu'on en peut tirer contre la galanterie et les galans;[10] utilité qui assurément est grande, si elle est veritable; mais qui, quand elle le seroit, ne justifieroit pas les defauts essentiels que les Puissances ont[11] trouvez dans cette Comedie, si tant est qu'ils y soient, ce qu'il n'examine point.

C'est ce qu'on a crû devoir dire par avance, pour la satisfaction des gens sages, et pour prevenir la pensée que le titre de cet Ouvrage leur pouroit donner, qu'on manque au respect qui est dû aux Puissances; mais aussi aprés avoir eu cette déference et ce soin pour le jugement des hommes, et leur avoir rendu un témoignage si précis de sa conduite, s'ils n'en jugent pas equitablement, l'Auteur a sujet de s'en consoler, puisqu'il ne fait enfin que ce qu'il croit devoir à la Justice, à la Raison et à la Verité.[12]

[1]   LETTRE SUR LA COMEDIE DE L'IMPOSTEUR

Monsieur,
Puisque c'est un crime pour moy que d'avoir esté à la première representation de l'Imposteur, que vous avez manquée, et que je ne saurois en obtenir le pardon qu'en reparant la perte que vous avez faite, et qu'il vous plaist de m'imputer,[13] il faut bien que j'essaye de rentrer dans vos bonnes graces, et que je fasse violence à ma paresse, pour satisfaire vostre curiosité.[14]

Imaginez-vous donc de voir d'abord paroître une Vieille [2][15] qu'à son air et à ses habits on n'auroit garde de prendre pour la mere du maistre de la maison, si le respect et l'empressement avec lequel elle est suivie de diverses personnes tres propres[16] et de fort bonne mine, ne la faisoient connoître. Ses paroles et ses grimaces témoignent également sa colere et l'envie qu'elle a de sortir d'un lieu, où elle avoue franchement *qu'elle ne peut plus demeurer, voyant la manière de vie qu'on y mene.*[17] C'est ce qu'elle décrit d'une merveilleuse sorte: et comme son Petitfils ose lui répondre, elle s'emporte contre luy, et luy fait son portrait avec des couleurs les plus naturelles et les plus aigres qu'elle peut trouver, et conclut *qu'il y a longtemps qu'elle a dit à son pere qu'il ne seroit jamais qu'un Vaurien.*[18] [3] Autant en fait elle pour le mesme sujet à sa Bru, au Frere de sa Bru, et à sa Suivante;[19] la passion qui l'anime lui fournissant des paroles, elle reüssit si bien dans tous ces caracteres si differens, que le Spectateur, ôtant de chacun d'eux ce qu'elle y met du sien, c'est à dire l'austerité ridicule du temps passé, avec laquelle elle juge de l'esprit et de la conduite d'aujourd'huy, connoist tous ces gens là mieux qu'elle-mesme, et reçoit une volupté tres sensible d'estre informé dés l'abord de la nature des personnages par une voie si fidele et si agreable.

Sa connoissance n'est pas bornée à ce qu'il voit, et le caractere des absens resulte de celuy des presens. On voit fort clairement par tout le discours de la Vieille, [4] qu'elle ne jugeroit pas si rigoureusement des deportemens de ceux à qui elle parle, s'ils avoient autant de respect, d'estime et d'admiration que son Fils et elle pour Mr. Panulphe, que toute leur méchanceté consiste *dans le peu de veneration qu'ils ont pour ce saint Homme, et dans le déplaisir qu'ils témoignent de la déference et de l'amitié avec laquelle il est traité par le maistre de la maison; que ce n'est pas merveille qu'ils le haïssent comme ils font, censurant leur méchante vie comme il fait, et qu'enfin la vertu est toûjours persecutée.*[20] Les autres, se voulant defendre, achevent le caractère du saint Personnage, mais pourtant seulement comme d'un zelé indiscret et ridicule.[21] Et sur ce propos le Frere de la Bru commence déja à faire voir quelle est [5] la veritable devotion, par rapport à celle de Monsieur Panulphe: de sorte que le venin, s'il y en a à tourner la bigotterie[22] en ridicule, est presque precedé par le contrepoison.[23] Vous remarquerez, s'il vous plaist, que pour achever la peinture de ce bon Monsieur, on luy a donné un Valet, duquel, quoiqu'il n'ait point à paroistre, on fait le caractere tout semblable au sien, c'est à dire, selon Aristote, qu'on dépeint le Valet pour fair connoître le Maistre.[24] La Suivante sur ce propos, continuant de se plaindre des reprimendes continuelles de l'un et de l'autre, expose entre autres le chapitre sur lequel Mr Panulphe est plus fort, *c'est à crier contre les visites que reçoit Madame*,[25] et dit sur cela, voulant simplement plaisanter et faire [6] enrager la Vieille, et sans qu'il paroisse qu'elle se doute déja de quelque chose, *qu'il faut assurément qu'il en soit jaloux*,[26] ce qui commence cependant à rendre croyable l'amour brutal et emporté qu'on verra aux Actes suivans dans le saint Personnage.[27] Vous pouvez croire que la Vieille n'écoute pas cette raillerie, qu'elle croit impie, sans s'emporter horriblement contre celle qui la fait; mais comme elle voit que toutes ces raisons ne persuadent point ces esprits obstinez, elle recourt aux authoritez et aux exemples, et leur apprend les étranges jugemens que font les Voisins de leur maniere de vivre: elle appuye particulierement sur une Voisine, dont elle propose l'exemple à sa Bru comme un modele de vertu par- [7] faite et enfin *de la maniere qu'il faudroit qu'elle vécust*, c'est à dire à la Panulphe.[28] La Suivante repart aussitost que *la sagesse de cette Voisine a attendu sa vieillesse, et qu'il luy faut bien pardonner si elle est prude, parce qu'elle ne l'est qu'à son corps defendant*.[29] Le Frere de la Bru continuë par un caractere sanglant qu'il fait de l'humeur des gens de cet âge, *qui blâment tout ce qu'ils ne peuvent plus faire*.[30] Comme cela touche la Vieille de fort prés, elle entreprend avec grande chaleur de répondre, sans pourtant témoigner se l'appliquer en aucune façon: ce que nous ne faisons jamais dans ces occasions, pour avoir un champ plus libre à nous defendre, en feignant d'attaquer simplement la these proposée, et à evapo- [8] rer toute nostre bile[31] contre qui nous pique de cette maniere subtile, sans qu'il paroisse que nous le fassions pour nostre interest. Pour remettre la Vieille de son emotion, le Frere continue, sans faire semblant d'appercevoir le desordre où son discours l'a mise; et, pour un exemple de bigoterie qu'elle avoit apporté, il en donne six ou sept qu'il propose, soûtient et prouve l'estre de la veritable vertu.[32] Nombre qui excede de beaucoup celuy des bigots alleguez par la Vieille: pour aller au devant des jugemens malicieux ou libertins, qui voudroient induire de l'avanture qui fait le sujet de cette piece, qu'il n'y a point ou fort peu de veritables gens de bien,[33] en témoignant par ce dénombrement que le nombre en est grand en [9] soy, voire tres grand, si on le compare à celuy des fieffez[34] bigots, qui ne reüssiroient pas si bien dans le monde s'ils estoient en si grande quantité. Enfin la Vieille sort de colere; et estant encore dans la chaleur de la dispute, donne un souflet sans aucun sujet à la petite fille sur qui elle s'appuye, qui n'en pouvoit mais.[35] Cependant le Frere, parlant d'elle et l'appellant *la bonne femme*,[36] donne occasion à la Suivante de mettre la derniere main à ce ravissant caractere, en luy disant *qu'il n'auroit qu'à l'appeller ainsi devant elle; qu'elle luy diroit bien qu'elle le trouve bon, et qu'elle n'est point d'âge à meriter ce nom.*[37]

Ensuite ceux qui sont restez parlent d'affaire, et exposent qu'ils sont en peine de faire ache- [10] ver un mariage qui est arresté depuis long-temps d'un fort brave Cavalier avec la fille de la maison, et que pourtant le Pere de la Fille differe fort obstinément;[38] ne sachant quelle peut estre la cause de ce retardement, ils l'attribuent fort naturellement au principe general de toutes les actions de ce pauvre homme coëffé[39] de Monsieur Panulphe, c'est à dire à Monsieur Panulphe mesme, sans toutefois comprendre pourquoy ny comment il peut en estre la cause. Et là on commence à rafiner le caractere du saint Personnage, en montrant par l'exemple de cette affaire domestique comment les Devots, ne s'arrestant pas simplement à ce qui est plus directement de leur métier, qui est de critiquer et mordre, passent au delà sous [11] des pretextes plausibles à s'ingerer dans les affaires les plus secretes et les plus seculieres des familles.[40]

Quoique la Dame se trouvast assez mal, elle estoit descendue avec bien de l'incommodité dans cette sale basse, pour accompagner sa Bellemere: ce qui commence à former admirablement son caractere tel qu'il le faut pour la suite, d'une vraye femme de bien, qui connoist parfaitement ses veritables devoirs, et qui y satisfait jusqu'au scrupule. Elle se retire avec la Fille dont il est question, nommée Mariane, et le Frere de cette fille nommé Damis, aprés estre tombez d'accord tous ensemble que le Frere de la Dame pressera son mary pour avoir de luy une derniere réponse sur le mariage.[41]

[12] La Suivante demeure avec ce Frere, dont le personnage est toutafait heureux dans cette occasion, pour faire rapporter avec vraysemblance et bienseance à un homme qui n'est pas de la maison, quoiqu'interessé pour sa soeur dans tout ce qui s'y passe, de quelle maniere Monsieur Panulphe y est traité. Cette fille le fait admirablement: elle conte comment *il tient le haut de la table au repas;* comment *il est servi*

le premier de tout ce qu'il y a de meilleur; comment *le maistre de la maison et luy ne se traitent que de frere.*[42] Enfin comme elle est en beau chemin, Monsieur arrive.[43]

Il luy demande d'abord *ce qu'on fait à la maison,* et en reçoit pour réponse, que *Madame se porte assez mal,* à quoy sans repliquer il continue: *Et Panulphe?* [13] La Suivante, contrainte de répondre, luy dit brusquement que *Panulphe se porte bien.* Sur quoy l'autre s'écrie d'un ton mêlé d'admiration et de compassion: *Le pauvre homme.*[44] La Suivante revient d'abord à l'incommodité de sa Maistresse, par trois fois est interrompuë de mesme, répond de mesme, et revient de mesme;[45] ce qui est la maniere du monde la plus heureuse et la plus naturelle de produire un caractere aussi outré que celuy de ce bon Seigneur, qui paroît de cette sorte d'abord dans le plus haut degré de son entestement: ce qui est necessaire, afin que le changement qui se fera dans luy quand il sera desabusé (qui est proprement le sujet de la piece) paroisse d'autant plus merveilleux au Spectateur.

[14] C'est icy que commence le caractere le plus plaisant et le plus étrange des Bigots: car la Suivante ayant dit que *Madame n'a point soupé,* et Monsieur ayant répondu, comme j'ay dit, *Et Panulphe,* elle replique, qu'*il a mangé deux perdrix et quelque rôty outre cela,* ensuite qu'*il a fait la nuit toute d'une piece,* sur ce que *sa Maitresse n'avoit point dormy;* et qu'enfin *le matin, avant que de sortir pour reparer le sang qu'avoit perdu Madame, il a bu quatre coups de bon vin pur.*[46] Tout cela, dis-je, le fait connoître premierement pour un homme tres sensuel et fort gourmand, ainsi que le sont la pluspart des Bigots.[47]

La Suivante s'en va, et les Beauxfreres restans seuls, le sage prend occasion sur ce qui vient de se passer, de pousser l'autre [15] sur le chapitre de son Panulphe. Cela semble affecté, non necessaire, et hors de propos à quelques-uns; mais d'autres disent que, quoique ces deux hommes ayent à parler ensemble d'autre chose de consequence, pourtant la constitution de cette piece est si heureuse, que l'Hypocrite étant cause directement ou indirectement de tout ce qui s'y passe, on ne sauroit parler de luy qu'à propos: qu'ainsi ne soit,[48] ayant fait entendre aux Spectateurs dans la Scene precedente que Panulphe gouverne absolument l'homme dont il est question, il est fort naturel que son Beaufrere prenne une occasion aussi favorable que celle-cy pour luy reprocher l'extravagante estime qu'il a pour ce Cagot,[49] qu'on croit estre cause de la méchante dis-[16] position d'esprit où est le bon homme touchant le mariage dont il s'agit, comme je l'ay déja dit.

Le bon Seigneur donc, pour se justifier pleinement sur ce chapitre à son Beaufrere, se met à luy conter *comment il a pris Panulphe en amitié*.[50] Il dit que veritablement *il estoit aussi pauvre des biens temporels que riche des eternels*.[51] Qualité commune presque à tous les bigots, qui pour l'ordinaire ayant peu de moyens et beaucoup d'ambition, sans aucun des talens necessaires pour la satisfaire honnêtement, resolus cependant de l'assouvir à quelque prix que ce soit, choisissent la voye de l'hypocrisie, dont les plus stupides sont capables, et par où les plus fins se laissent dupper.[52] Le bon homme continuë qu'*il le voyoit à l'Eglise prier Dieu avec* [17] *beaucoup d'assiduité et de marques de ferveur*;[53] que pour peu qu'on luy donnât, il disoit bientost, *C'est assez*.[54] et quand il avoit plus qu'il ne luy falloit, il l'alloit aussitost qu'il l'avoit receu, souvent mesme *devant ceux qui luy avoient donné, distribuer aux pauvres*.[55] Tout cela fait un effet admirable, en ce que croyant parfaitement convaincre son Beau-frere de la beauté de son choix, et de la justice de son amitié pour Panulphe, le bonhomme le convainc entierement de l'hypocrisie du personnage, par tout ce qu'il dit; de sorte que ce mesme discours fait un effet directement contraire sur ces deux hommes, dont l'un est aussi charmé par son propre recit de la vertu de Panulphe, que l'autre demeure persuadé de sa méchanceté; ce qui [18] joüe si bien, que vous ne sauriez l'imaginer.[56]

L'histoire du Saint homme étant faite de cette sorte, et par une bouche tres fidelle, puisqu'elle est passionnée, finit son caractere, et attire necessairement toute la foy du Spectateur. Le Beaufrere, plus pleinement confirmé dans son opinion qu'auparavant, prend occasion sur ce sujet de faire des reflexions tres solides sur les differences qui se rencontrent entre la veritable et la fausse vertu: ce qu'il fait toûjours d'une maniere nouvelle.[57]

Vous remarquerez, s'il vous plait, que d'abord l'autre, voulant exalter son Panulphe, commence à dire que *c'est un homme*; de sorte qu'il semble qu'il aille faire un long dénombrement de ses bonnes qualitez; et tout cela [19] se reduit pourtant à dire encore une ou deux fois, *mais un homme, un homme,* et à conclure *un homme enfin*:[58] ce qui veut dire plusieurs choses admirables; l'une, que les bigots n'ont pour l'ordinaire aucune bonne qualité, et n'ont pour tout merite que leur bigoterie; ce qui paroit en ce que l'homme mesme qui est infatué de celuycy ne sait que dire pour le louër. L'autre est un beau jeu du sens de ces mots, *c'est un homme*, qui concluent tres veritablement que Panulphe est extremement un homme, c'est à dire un fourbe, un méchant, un traitre et un animal tres pervers dans le langage de l'ancienne comedie;[59] et enfin la merveille qu'on trouve dans l'admiration que nostre entesté[60] a pour son bigot, quoiqu'il ne sache que dire [20] pour le louër, montre parfaitement le pouvoir vraiment étrange de la Religion sur les esprits des hommes, qui ne leur permet pas de faire aucune reflexion sur les defauts de ceux qu'ils estiment pieux, et qui est plus grand, luy seul, que celui de toutes les autres choses ensemble.

Le bon homme, pressé par les raisonnemens de son Beaufrere, auxquels il n'a rien à répondre, bien qu'il les croye mauvais, luy dit adieu brusquement, et le veut quitter sans autre réponse; ce qui est le procedé naturel des opiniatres;[61] l'autre le retient pour luy parler de l'affaire du mariage, sur laquelle il ne luy répond qu'obliquement sans se declarer, et enfin à la maniere des bigots, qui ne disent jamais rien de positif, depeur de s'engager à quelque chose, et [21] qui colorent[62] toûjours l'irresolution qu'ils témoignent de pretextes de Religion. Cela dure jusqu'à ce que le Beaufrere luy demande *un ouï, ou un non;*[63] à quoy luy, ne voulant point répondre, le quite enfin brutalement, comme il avoit déja voulu faire: ce qui fait juger à l'autre que leurs affaires vont mal, et l'oblige d'y aller pourvoir.

La Fille de la maison commence le second Acte avec son pere. Il luy demande si *elle n'est pas disposée à luy obeïr toûjours,* et à se conformer à ses volontez.[64] Elle répond fort elegamment[65] qu'oüy. Il continue, et luy demande encore, *que luy semble de Monsieur Panulphe.*[66] elle, bien empeschée pourquoy on luy fait cette question, hesite; enfin, pressée et en- [22] couragée de répondre, dit, *Tout ce que vous voudrez.*[67] Le Pere luy dit qu'elle ne craigne point d'avouër ce qu'elle pense, et qu'elle dise hardiment ce qu'aussibien il devine aisément, que *les merites de Monsieur Panulphe l'ont touchée, et qu'enfin elle l'aime.*[68] ce qui est admirablement dans la nature, que cet homme se soit mis dans l'esprit que sa fille trouve Panulphe aimable pour mary, à cause que luy l'aime pour amy; n'y ayant rien de plus vray dans les cas comme celuycy, que la maxime que nous jugeons des autres par nousmesmes, parce que nous croyons toûjours nos sentimens et nos inclinations fort raisonnables.[69]

Il continue; et supposant que ce qu'il s'imagine est une verité, il dit qu'*il la veut marier avec Pa-* [23] *nulphe, et qu'il croit qu'elle luy obeïra fort volontiers quand il luy commandera de le recevoir pour époux.*[70] Elle, surprise, luy fait redire avec un *hé* de doute et d'incertitude de ce qu'elle a oüy;[71] à quoy le Pere replique par un autre, d'admiration de ce doute, aprés qu'il s'est expliqué si clairement. Enfin, s'expliquant une seconde fois, et elle pensant bonnement sur ce qu'il a témoigné croire qu'elle aime Panulphe, que c'est peut-estre ensuite de cette croyance qu'il les veut marier ensemble, luy dit avec un empressement fort plaisant, *qu'il n'en est rien, qu'il n'est pas vray qu'elle l'aime.*[72] De quoy le Pere se mettant en colere, la Suivante survient, qui dit son sentiment làdessus comme on peut penser.[73] Le Pere s'emporte assez longtems contre elle, [24] sans la pouvoir faire taire: enfin comme elle s'en va, il s'en va aussi. Elle revient,[74] et fait une Scene toute de reproches et de railleries à la Fille, sur la foible resistance qu'elle fait au beau dessein de son pere, et luy dit fort plaisamment, que *s'il trouve son Panulphe si bien fait* (car le bon homme avoit voulu luy prouver cela), *il peut l'épouser luymesme, si bon luy semble.*[75] Sur ce discours Valere, amant de cette fille à qui elle est promise, arrive.[76] Il luy demande d'abord *si la nouvelle qu'il a apprise* de ce pretendu mariage *est veritable.*[77] A quoy dans la terreur où les menaces de son pere et la surprise où ces nouveaux desseins l'ont jettée, ne répondant que foiblement et comme en tremblant, Valere continue à luy demander *ce qu'elle fera.*[78] In- [25] terdite en partie de son avanture, en partie irritée du doute où il témoigne en quelque façon estre de son amour, elle luy répond *qu'elle fera ce qu'il luy conseillera.*[79] Il replique, encore plus irrité de cette réponse, que *pour luy il luy conseille d'épouser Panulphe.*[80] Elle repart sur le mesme ton, *qu'elle suivra son conseil.*[81] Il témoigne s'en peu soucier; elle encore moins: enfin ils se querellent et se brouillent si bien ensemble, qu'aprés mille retours ingenieux et passionnez, comme ils sont pres025 à se quitter, la Suivante qui les regardoit faire pour en avoir le divertissement, entreprend de les raccommoder, et fait tant qu'elle en vient à bout. Ils concluent comme elle leur conseille, de ne se point voir pour quelque tems, et faire semblant cependant de [26] flechir aux volontez du Pere. Cela arresté, Dorine les fait partir chacun de leur côté, avec plus de peine qu'elle n'en avoit eu à les retenir, quand ils avoient voulu s'en aller un peu devant. Ce dépit amoureux a semblé hors de propos à quelquesuns dans cette piece; mais d'autres pretendent, au contraire, qu'il represente tres naïvement et tres moralement la varieté surprenante des principes d'agir, qui se rencontrent en ce monde dans une mesme affaire,[82] la fatalité qui fait le plus souvent brouiller les gens ensemble, quand il le faut le moins, et la sotise naturelle de l'esprit des hommes,[83] et particulierement des amans, de penser à toute autre chose dans les extremitez qu'à ce qu'il faut, et s'arrester alors à des choses de nulle consequence [27] dans ces tems-là,[84] au lieu d'agir solidement dans le veritable interest de la passion. Cela sert, disent-ils encore, à mieux faire voir l'emportement et l'entestement du Pere, qui peut rompre et rendre malheureuse une amitié si belle, née par ses ordres; et l'injustice de la pluspart des bienfaits que les Devots reçoivent des Grands, qui tournent pour l'ordinaire au prejudice d'un tiers, et qui font toûjours tort à quelqu'un; ce que les Panulphes pensent estre rectifié par la consideration seule de leur vertu pretendue, comme si l'iniquité devenoit innocente dans leur personne.[85] Outre cela, tout le monde demeure d'accord que ce dépit[86] a cela de particulier et d'original pardessus ceux qui ont paru jusqu'à present sur le theatre, qu'il [28] naît et finit devant les Spectateurs, dans une mesme Scene, et tout cela aussi vraysemblablement que faisoient tous ceux qu'on avoit veus auparavant, où ces coleres amoureuses naissent de quelque tromperie faite par un tiers, ou par le hazard, et la pluspart du tems derriere le theatre, au lieu qu'icy elles naissent divinement[87] à la vûe des Spectateurs, de la delicatesse et de la force de la passion mesme, ce qui meriteroit de longs commentaires.

Enfin Dorine, demeurée seule, est abordée par sa Maitresse et le Frere de sa Maitresse avec Damis: tous ensemble parlant de ce beau mariage, et ne sachant quelle autre voye prendre pour le rompre, se resolvent d'en faire parler à Panulphe mesme par la [29] Dame, parce qu'ils commencent à croire qu'il ne la hait pas. Et par là finit l'Acte,[88] qui laisse, comme on voit, dans toutes les regles de l'art, une curiosité et une impatience extreme de savoir ce qui arrivera de cette entreveuë, comme le premier avoit laissé le Spectateur en suspens et en doute de la cause pourquoy le mariage de Valere et de Mariane estoit rompu, qui est expliquée d'abord à l'entrée du second, comme on a vû.[89]

Ainsi le troisiéme commence par le Fils de la maison, et Dorine qui attend le bigot au passage, pour l'arreter au nom de sa Maitresse et luy demander de sa part une entreveuë secrete. Damis le veut attendre aussi; mais enfin la Suivante le chasse. A [30] peine l'a-t-il laissée, que Panulphe paroit, criant à son Valet: *Lorent, serrez ma haire avec ma discipline*,[90] et que si on le demande, *il va aux prisonniers distribuer le superflu de ses deniers.*[91] C'est peutestre une adresse de l'auteur de ne l'avoir pas fait voir plutôt, mais seulement quand l'action est échauffée; car un caractere de cette force tomberoit, s'il paroissoit sans faire d'abord un jeu digne de luy; ce qui ne se pouvoit que dans le fort de l'action.[92]

Dorine l'aborde làdessus; mais à peine la voit-il, qu'il tire son mouchoir de sa poche, et le luy presente sans la regarder, pour mettre sur son sein qu'elle a découvert, en luy disant que *les ames pudiques par cette veuë sont blessées,* et que *cela fait venir de coupables pensées.*[93] Elle luy répond [31] *qu'il est donc bien fragile à la tentation* et que *cela sied bien mal avec tant de devotion;* que *pour elle* qui n'est pas devote de profession, *elle n'est pas de mesme,* et qu'*elle le verroit tout nu depuis la teste jusqu'aux pieds sans emotion aucune.*[94] Enfin elle fait son message, et il le reçoit avec une joie qui le

décontenance, et le jette un peu hors de son rolle: et c'est icy où l'on voit representée mieux que nulle part ailleurs la force de l'amour, et les grands et beaux jeux que cette passion peut faire par les effets involontaires qu'elle produit dans l'ame de toutes la plus concertée.[95]
A peine la Dame paroit, que notre Cagot la reçoit avec un empressement qui, bien qu'il ne soit pas fort grand, paroit extraordinaire dans un homme de [32] sa figure. Aprés qu'ils sont assis, il commence par luy rendre graces de l'occasion qu'elle luy donne de la voir en particulier. Elle témoigne qu'il y a lontems qu'elle avoit envie aussi de l'entretenir.
Il continue par des excuses *des bruits qu'il fait tous les jours pour les visites qu'elle reçoit*, et la prie de ne pas croire *que ce qu'il en fait soit par haine qu'il ait pour elle.*[96] Elle répond qu'elle est persuadée, que *c'est le soin de son salut qui l'y oblige.*[97] Il replique que *ce n'est pas ce motif seul,* mais que *c'est outre cela par un zele particulier*[98] qu'il a pour elle; et sur ce propos se met à luy conter fleurette en termes de devotion mystique, d'une maniere qui surprend terriblement cette femme;[99] parce que d'une part il luy semble étrange que cet hom- [33] me la cajolle; et d'ailleurs il luy prouve si bien, par un raisonnement tiré de l'amour de Dieu, qu'il la doit aimer, qu'elle ne sait comment le blâmer.[100] Bien des gens pretendent que l'usage de ces termes de devotion que l'Hypocrite employe dans cette occasion est une profanation blâmable que le Poëte en fait:[101] d'autres disent qu'on ne peut l'en accuser qu'avec injustice, parce que ce n'est pas luy qui parle, mais l'Acteur qu'il introduit:[102] de sorte qu'on ne sauroit luy imputer cela, non plus qu'on ne doit pas luy imputer toutes les impertinences qu'avancent les personnages ridicules des Comedies;[103] qu'ainsi il faut voir l'effet que l'usage de ces termes de pieté de l'Acteur peut faire sur le Spectateur, pour juger si cet usage est [34] condamnable. Et pour le faire avec ordre, il faut supposer, disent-ils, que le Theatre est l'école de l'homme, dans laquelle les Poëtes, qui étoient les Theologiens du Paganisme, ont pretendu purger la volonté des passions par la Tragedie,[104] et guerir l'entendement des opinions erronées par la Comedie; que pour arriver à ce but ils ont crû que le plus seur moyen étoit de proposer les exemples des vices qu'ils vouloient détruire; s'imaginant, et avec raison, qu'il étoit plus à propos, pour rendre les hommes sages, de montrer ce qu'il leur faloit eviter, que ce qu'ils devoient imiter.[105] Ils alleguent des raisons admirables de ce principe, que je passe sous silence, de peur d'estre trop long. Ils continuent, que c'est ce que les Poëtes [35] ont pratiqué, en introduisant des personnages passionnez dans la Tragedie, et des personnages ridicules dans la Comedie (ils parlent du ridicule[106] dans le sens d'Aristote, d'Horace, de Ciceron, de Quintilien, et des autres maitres, et non pas dans celuy du peuple);[107] qu'ainsi faisant profession

de faire voir de méchantes choses, si l'on n'entre dans leur intention, rien n'est si aisé que de faire leur procés; qu'il faut donc considerer si ces defauts sont produits d'une maniere à en rendre la consideration utile aux Spectateurs; ce qui se reduit presque à savoir s'ils sont produits comme defauts, c'est à dire comme méchans et ridicules; car dés là ils ne peuvent faire qu'un excellent effet. Or c'est ce qui se trouve merveilleusement dans [36] notre Hypocrite en cet endroit: car l'usage qu'il y fait des termes de pieté est si horrible de soy, que quand le Poëte auroit apporté autant d'art à diminuer cette horreur naturelle qu'il en a apporté à la faire paroitre dans toute sa force, il n'auroit pu empêcher que cela ne parust toujours fort odieux; de sorte que, cet obstacle levé, continuent-ils, l'usage de ces termes ne peut estre regardé que de deux manieres tres innocentes, et de nulle consequence dangereuse;[108] l'une, comme un voile venerable et reveré, que l'Hypocrite met audevant de la chose qu'il dit, pour l'insinuer sans horreur, sous des termes qui enervent toute la premiere impression que cette chose pouroit faire dans l'esprit, de sa turpitude[109] naturelle. L'autre est en conside- [37] rant cet usage comme l'effet de l'habitude que les bigots ont prise de se servir de la devotion et de l'employer partout à leur avantage, afin de paroitre agir toujours par elle. Habitude qui leur est tres utile; en ce que le peuple que ces gens-là ont en veuë et sur qui les paroles peuvent tout, se previendra toujours d'une opinion de sainteté[110] et de vertu pour les gens qu'il verra parler ce langage, comme si accoutumez aux choses spirituelles, et si peu à celles du monde, que pour traiter celles-cy ils sont contraints d'emprunter les termes de celle-là. Et c'est icy, concluent enfin ces Messieurs, où il faut remarquer l'injustice de la grande objection qu'on a toujours faite contre cette piece, qui est que, [38] décriant les apparences de la vertu, on rend suspects ceux qui, outre cela, en ont le fond aussibien que ceux qui ne l'ont pas;[111] comme si ces apparences étoient les mesmes dans les uns que dans les autres, que les veritables devots fussent capables des affectations que cette piece reprend dans les hypocrites, et que la vertu n'eust pas un dehors reconnaissable de mesme que le vice.[112]

Voila comme raisonnent ces gens-là; je vous laisse à juger s'ils ont tort, et reviens à mon histoire. Les choses étant dans cet état, et pendant ce devotieux entretien notre Cagot s'approchant toujours de la Dame, mesme sans y penser, à ce qu'il semble, à mesure qu'elle s'éloigne, enfin il luy prend la main, comme par maniere de geste, et pour luy [39] faire quelque protestation qui exige d'elle une attention particuliere, et tenant cette main il la presse si fort entre les siennes qu'elle est contrainte de luy dire, *que vous me serrez fort*.[113] à quoy il répond soudain à propos de ce qu'il disoit, se recueillant et s'appercevant de son transport, *c'est par excés de zele.*[114] Un moment aprés il s'oublie de nouveau, et promenant sa main sur le genouil de la Dame, elle luy dit, confuse de cette liberté, *ce que fait là sa main,*[115] il répond, aussi surpris que la premiere fois, qu'*il trouve son étofe moëlleuse,*[116] et, pour rendre plus vraisemblable cette deffaite, par un artifice fort naturel il continue de considerer son ajustement et s'attaque *à son colet dont le point luy semble admirable.*[117] Il y porte la main encore pour le ma- [40] nier et le considerer de plus prés; mais elle le repousse, plus honteuse que luy. Enfin, enflammé par tous ces petits commencemens, par la presence d'une femme bien faite qu'il adore, et qui le traite avec beaucoup de civilité, et par les douceurs attachées à la premiere découverte d'une passion amoureuse, il luy fait sa déclaration dans les termes cy-dessus examinez; à quoy elle répond, que, *bien qu'un tel aveu ait droit de la surprendre dans un homme aussi devot que luy*[118] ... Il l'interromp à ces mots en s'écriant avec un transport fort eloquent: *Ah, pour estre devot, on n'en est pas moins homme.*[119] Et continuant sur ce ton, il luy fait voir d'autre part les avantages qu'il y a à estre aimée d'un homme comme luy; que le commun des gens du mon- [41] de, Cavaliers et autres, gardent mal un secret amoureux et n'ont rien de plus pressé, aprés avoir receu une faveur, que de s'en aller vanter; mais que pour ceux de son espece, *le soin,* dit-il, *que nous avons de notre renommée est un gage assuré pour la personne aimée, et l'on trouve avec nous sans risquer son honneur, de l'amour sans scandale, et du plaisir sans peur.*[120] Delà, aprés quelques autres discours revenant à son premier sujet, il conclut qu'*elle peut bien juger, considerant son air, qu'enfin tout homme est homme, et qu'un homme est de chair.*[121] Il s'étend admirablement là-dessus, et luy fait si bien sentir son humanité et sa foiblesse pour elle, qu'il feroit presque pitié, s'il n'étoit interrompu par Damis, qui, sortant d'un cabinet voisin d'où il a tout ouï, et voyant [42] que la Dame, sensible à cette pitié,[122] promettoit au Cagot de ne rien dire, pourvû qu'il la servist dans l'affaire du mariage de Mariane, dit qu'*il faut que la chose éclate,*[123] et qu'elle soit sceuë dans le monde. Panulphe paroit surpris et demeure muet, mais pourtant sans estre déconcerté. La Dame prie Damis de ne rien dire, mais il s'obstine dans son premier dessein. Sur cette contestation le mary arrivant, il luy conte tout. La Dame avouë la verité de ce qu'il dit, mais en le blâmant de le dire. Son mary les regarde l'un et l'autre d'un oeil de couroux; et, aprés leur avoir reproché de toutes les manieres les plus aigres qu'il se peut, *la fourbe malconceuë qu'ils luy veulent jouër,*[124] enfin, venant à l'Hypocrite, qui cependant a medité son rolle, il [43] le trouve qui, bien loin d'entreprendre de se justifier, par un excellent artifice se condamne et s'accuse luymesme, en general et sans rien specifier, de toutes sortes de crimes; qu'il est *le plus grand des pecheurs, un méchant, un scelerat; qu'ils ont raison de le traiter de la sorte; qu'il doit estre chassé de la maison comme un ingrat et un infame; qu'il merite plus que cela; qu'il n'est qu'un ver, un neant; quelques gens jusqu'icy me croyent homme de bien; mais, mon frere, on se trompe, helas, je ne vaux rien.*[125] Le bon homme, charmé par cette humilité, s'emporte contre son fils d'une étrange sorte, l'appelant vingt fois *Coquin*.[126] Panulphe, qui le voit en beau chemin, l'anime encore davantage, en s'allant mettre à genoux devant Damis, et luy demandant pardon, [44] sans dire de quoy.[127] Le Pere s'y jette aussi d'abord pour le relever,[128] avec des rages extremes contre son Fils. Enfin, aprés plusieurs injures, il veut l'obliger de se jetter *à genoux* devant Monsieur Panulphe, et *luy demander pardon*;[129] mais Damis refusant de le faire, et aimant mieux quitter la place,[130] il le chasse, et *le desheritant, luy donne sa malediction*.[131] Aprés c'est à consoler Monsieur Panulphe,[132] luy faire cent satisfactions pour les autres, et enfin luy dire qu'*il luy donne sa fille en mariage*, et avec cela qu'*il veut luy faire une donation de tout son bien; qu'un gendre vertueux comme luy vaut mieux qu'un fils fou* comme le sien.[133] Aprés avoir exposé ce beau projet, il vient au bigot de plus prés, et avec la plus grande humilité du monde, et tremblant d'estre re- [45] fusé, il luy demande fort respectueusement *s'il n'acceptera pas l'offre qu'il luy propose*.[134] A quoy le Devot répond fort chrêtiennement, *La volonté du Ciel soit faite en toutes choses*.[135] Céla étant arreté de la sorte avec une joye extreme de la part du bon homme, Panulphe le prie de trouver bon *qu'il ne parle plus à sa femme*, et de ne l'obliger plus à avoir aucun commerce avec elle: à quoy l'autre répond, donnant dans le piege que luy tend l'Hypocrite, qu'*il veut au contraire qu'ils soient toujours ensemble en dépit de tout le monde*.[136] Là-dessus ils s'en vont chez le Notaire passer le contrat de mariage et la donation.

Au quatrieme, le Frere de la Dame dit à Panulphe qu'il est bien aise de le rencontrer pour [46] luy dire son sentiment sur tout ce qui se passe, et pour luy demander *s'il ne se croit pas obligé comme Chrétien de pardonner à Damis*,[137] bien loin de le faire desheriter. Panulphe lui répond que *quant à luy, il luy pardonne de bon coeur, mais que l'interest du Ciel ne luy permet pas d'en user autrement*.[138] Pressé d'expliquer cet interest, il dit que s'il s'accommodoit avec Damis et la Dame,[139] il donneroit sujet de croire qu'il est coupable; que les gens comme luy doivent avoir plus de soin que cela de leur reputation, et qu'enfin *on diroit qu'il les auroit recherchez de cette maniere pour les obliger au silence*.[140] Le Frère, surpris d'un raisonnement si malicieux, insiste à luy demander *si par un motif tel que celuylà il croit pouvoir chasser de la maison le legitime heritier, et accepter le don ex-* [47] *travagant que son pere luy veut faire de son bien*.[141] Le Bigot répond à cela que, *s'il se rend facile a ses pieux desseins, c'est depeur que ce bien ne tombât en de mauvaises mains.*[142] Le Frere s'écrie là-dessus avec un emportement fort naturel, qu'il faut laisser au Ciel à empêcher la prospérité des méchans, et qu'il ne faut point *prendre son interest plus qu'il ne fait luy-mesme.*[143] Il pousse quelque tems fort à propos cette excellente morale,[144] et conclut enfin en disant au Cagot par forme de conseil: *Ne seroit-il pas mieux qu'en personne discrete vous fissiez de ceans une honnête retraite?*[145] Le Bigot, qui se sent pressé et piqué trop sensiblement par cet avis, luy dit: *Monsieur, il est trois heures et demie, certain devoir chrêtien m'appelle en d'autres lieux,*[146] et le quitte de cette [48] sorte. Cette Scene met dans un beau jour un des plus importans et des plus naturels caracteres de la bigoterie, qui est de violer les droits les plus sacrez et les plus legitimes, tels que ceux des enfans sur le bien des peres, par des exceptions qui n'ont en effet autre fondement que l'interest particulier des Bigots. La distinction subtile que le Cagot fait du pardon du coeur avec celuy de la conduite est aussi une autre marque naturelle de ces gens-là, et un avant-goust de sa Theologie qu'il expliquera cy-aprés en bonne occasion. Enfin la maniere dont il met fin à la conversation est un bel exemple de l'irraisonnabilité, pour ainsi dire, de ces bons Messieurs, de qui on ne tire jamais rien en raisonnant, qui n'expliquent point les motifs [49] de leur conduite, depeur de faire tort à leur dignité par cette espece de soumission, et qui, par une exacte connoissance de la nature de leur interest, ne veulent jamais agir que par l'autorité seule que leur donne l'opinion qu'on a de leur vertu.[147]

Le Frere demeuré seul, sa Soeur vient avec Mariane et Dorine. A peine ont-ils parlé quelque tems de leurs affaires communes,[148] que le Mary arrive avec un papier en sa main, disant qu'*il tient dequoy les faire tous enrager.*[149] C'est, je pense, le contrat de mariage ou la donation.[150] D'abord Mariane se jette à ses genoux et le harangue si bien qu'elle le touche. On voit cela dans la mine du pauvre homme, et c'est ce qui est un trait admirable de l'entêtement ordinaire aux bigots, [50] pour montrer comme ils se défont de toutes les inclinations naturelles et raisonnables. Car celuy cy, se sentant attendrir, se ravise tout d'un coup, et se disant à soy-mesme, croyant faire une chose fort heroïque: *Ferme, ferme, mon coeur, point de foiblesse humaine.*[151] Aprés cette belle resolution, il fait lever sa fille, et luy dit que *si elle cherche à s'humilier et à se mortifier dans un Convent, d'autant plus elle a d'aversion pour Panulphe, d'autant plus meritera-t-elle avec luy.*[152] Je ne say si c'est icy qu'il dit que Panulphe *est fort gentilhomme.* A quoy Dorine répond: *Il le dit.* Et sur cela le Frere luy represente excellemment à son ordinaire, *qu'il sied mal à ces sortes de gens de se vanter des avantages du monde.*[153] Enfin le discours retombant fort naturellement sur l'avanture de [51] l'Acte precedent, et sur l'imposture pretendue de Damis et de la Dame, le mary, croyant les convaincre de la calomnie qu'il leur impute, objecte à sa femme que, *si elle disoit vray*, et si effectivement elle venoit d'estre poussée par Panulphe sur une matiere si delicate, *elle auroit esté bien autrement émue qu'elle n'étoit*,[154] et qu'elle étoit trop tranquille pour n'avoir pas medité de longue main cette piece. Objection admirable dans la nature des bigots, qui n'ont qu'emportement en tout, et qui ne peuvent s'imaginer que personne ait plus de moderation qu'eux.[155] La Dame répond excellemment, que *ce n'est pas en s'emportant qu'on reprime le mieux les folies de cette espece, et que souvent un froid refus opere mieux, que de dévisager*[156] *les* [52] *gens; qu'une honnête femme ne doit faire que rire de ces sortes d'offense; et qu'on ne sauroit mieux les punir qu'en les traitant de ridicule.*[157] Aprés plusieurs discours de cette nature tant d'elle que des autres pour montrer la verité de ce dont ils ont accusé Panulphe,[158] le bon homme persistant dans son incredulité, on offre de luy faire voir ce qu'on luy dit. Il se moque lontems de cette proposition, et s'emporte contre ceux qui la font, en detestant leur impudence.[159] Pourtant, à force de luy repeter la mesme chose, et de luy demander *ce qu'il diroit s'il voyoit ce qu'il ne peut croire*, ils le contraignent de répondre: *Je dirois, je dirois que... je ne dirois rien, car cela ne se peut.*[160] Trait inimitable, ce me semble, pour representer l'effet de la pensée d'une [53] chose sur un esprit convaincu de l'impossibilité de cette chose.[161] Cependant on fait tant qu'on l'oblige à vouloir bien essayer ce qui en sera, ne fust-ce que pour avoir le plaisir de confondre les calomniateurs de son Panulphe:[162] c'est à cette fin que le bon homme s'y resoud, aprés beaucoup de resistance.[163] Le dessein de la Dame, qu'elle expose alors, est, aprés avoir fait cacher son mary sous la table, de voir Panulphe reprendre l'entretien de leur conversation precedente et l'obliger à se découvrir tout entier par la facilité qu'elle luy fera paroitre.[164] Elle commande à Dorine de le faire venir. Celle-cy voulant faire faire reflexion à sa Maitresse sur la difficulté de son entreprise, luy dit qu *'il a de grands sujets de défiance extrême*:[165] mais la [54] Dame répond divinement,[166] qu' *on est facilement trompé par ce qu'on aime.*[167] Principe qu'elle prouve admirablement dans la suite par experience, et que le Poëte a jetté exprés en avant, pour rendre plus vraisemblable ce qu'on doit voir.

Le mary placé dans sa cachete, et les autres sortis, elle reste seule avec luy, et luy tient à peu prés ce discours: qu *'elle va faire un étrange personnage et peu ordinaire à une femme de bien: mais qu'elle y est contrainte, et que ce n'est qu'aprés avoir tenté en vain tous les autres remedes; qu'il va entendre un langage assez dur à souffrir à un mary dans la bouche d'une femme, mais que c'est sa faute;*

qu'au reste l'affaire n'ira qu'aussi loin qu'il voudra, et que c'est à luy de l'interrompre où il jugera à propos.[168] Il se cache, et [55] Panulphe vient. C'est icy où le Poëte avoit à travailler pour venir à bout de son dessein: aussi y a-t-il pensé par avance; et, prevoyant cette Scene, comme devant estre son chef d'oeuvre, il a disposé les choses admirablement pour la rendre parfaitement vraisemblable. C'est ce qu'il seroit inutile d'expliquer, parce que tout cela paroit tres clairement par le discours mesme de la Dame, qui se sert merveilleusement de tous les avantages de son sujet et de la disposition presente des choses, pour faire donner l'Hypocrite dans le panneau. Elle commence par dire qu'*il a veu combien elle a prié Damis de se taire, et le dessein où elle étoit de cacher l'affaire*,[169] que *si elle ne l'a pas poussé plus fortement, il voit bien qu'elle a dû ne le pas faire* [56] *par politique*, qu'*il a vû sa surprise à l'abord de son mary, quand Damis a tout conté*.[170] Ce qui étoit vray, mais c'étoit pour l'impudence avec laquelle Panulphe avoit d'abord soûtenu et détourné la chose: *et comme elle a quitté la place, de douleur de le voir en danger de souffrir une telle confusion: qu'au reste il peut bien juger par quel sentiment elle avoit demandé de le voir en particulier, pour le prier si instamment de refuser l'offre qu'on luy fait de Mariane pour l'épouser, qu'elle ne s'y seroit pas tant interessée, et qu'il ne luy seroit pas si terrible de le voir entre les bras d'une autre, si quelque chose de plus fort que la raison et l'interest de la famille ne s'en étoit mêlé; qu'une femme fait beaucoup en effet dans ses premieres declarations, que de promettre le secret; qu'elle reconnoit bien* [57] *que c'est tout que cela, et qu'on ne sauroit s'engager plus fortement*.[171] Panulphe témoigne d'abord quelque doute par des interrogations qui donnent lieu à la Dame de dire toutes ces choses en y répondant. Enfin, insensiblement ému par la presence d'une belle personne qu'il adore, qui effectivement avoit receu avec beaucoup de moderation, de retenue et de bonté la declaration de son amour, qui le cajolle à present, et qui le paye de raisons assez plausibles, il commence à s'aveugler, à se rendre, et à croire qu'il se peut faire que c'est tout de bon qu'elle parle, et qu'elle ressent ce qu'elle dit.[172] Il conserve pourtant encore quelque jugement, comme il est impossible à un homme fort sensé de passer toutafait d'une extremité à l'au- [58] tre;[173] et par un mélange admirable de passion et de défiance, il luy demande, aprés beaucoup de paroles, des asseurances *reelles*[174] et des faveurs pour gages de la verité de ses paroles. Elle répond en biaisant: il replique en pressant; enfin aprés quelques façons elle témoigne se rendre; il triomphe; et voyant qu'elle ne luy objecte plus que le peché,[175] il luy découvre le fond de sa morale, et tâche à luy faire comprendre qu'*il hait le peché autant et plus qu'elle ne fait*;[176] mais que dans l'affaire dont il s'agit entre eux, *le scandale en effet est la plus grande offense, et c'est une vertu de pecher en silence;*[177] que, quant au fond de la chose, *il est avec le Ciel des accommodemens.*[178] Et aprés une longue deduction des adresses des Directeurs modernes,[179] il conclut [59] que *quand on ne se peut sauver par l'action, on se met à couvert par son intention.*[180] La pauvre Dame, qui n'a plus rien à objecter, est bien en peine de ce que son mary ne sort point de sa cachete, aprés luy avoir fait avec le pied tous les signes qu'elle a pû;[181] enfin elle s'avise, pour achever de le persuader et pour l'outrer toutafait, de mettre le Cagot sur son chapitre. Elle luy dit donc, *qu'il voye à la porte s'il n'y a personne qui vienne ou qui écoute, et si par hazard son mary ne passeroit point.*[182] Il répond, en se disposant pourtant à luy obeïr, que *son mari est un fat, un homme préoccupé* jusqu'à l'extravagance, et de sorte *qu'il est dans un état à tout voir sans rien croire.*[183] Excellente adresse du Poëte, qui a appris d'Aristote qu'il n'est rien de plus sensible que [60] d'estre mesprisé par ceux que l'on estime,[184] et qu'ainsi c'estoit la derniere corde qu'il falloit faire jouër; jugeant bien que le bon homme souffriroit plus impatiemment d'estre traité de ridicule et de fat par le saint Frere, que de luy voir cajoller sa femme jusqu'au bout, quoique, dans l'apparence premiere et au jugement des autres, ce dernier outrage paroisse plus grand.

En effet, pendant que le galant[185] va à la porte, le mary sort de dessous la table, et se trouve droit devant l'Hypocrite,[186] quand il revient à la Dame pour achever l'oeuvre si heureusement acheminée.[187] La surprise de Panulphe est extreme, se trouvant le bon homme entre les bras,[188] qui ne peut exprimer que confusément son étonnement et son admiration. [61] La Dame, conservant toujours le caractere d'honnêteté qu'elle a fait voir jusqu'icy, paroit honteuse de la fourbe qu'elle a faite au Bigot, et luy en demande quelque sorte de pardon, en s'excusant sur la necessité.[189] Toutefois le bigot ne se trouble point, conserve toute sa froideur naturelle, et ce qui est d'admirable, ose encore persister aprés cela à parler comme devant. Et c'est où il faut reconnoitre le supreme caractere de cette sorte de gens, de ne se démentir jamais quoy qui arrive; de soûtenir à force d'impudence toutes les attaques de la fortune; n'avouër jamais avoir tort; détourner les choses avec le plus d'adresse qu'il se peut, mais toujours avec toute l'assurance imaginable, et tout cela parceque les hommes jugent des [62] choses plus par les yeux que par la raison;[190] que peu de gens étant capables de cet excés de fourberie, la pluspart ne peuvent le croire; et qu'enfin on ne sauroit dire combien les paroles peuvent sur les esprits des hommes.

Panulphe persiste donc dans sa maniere accoutumée; et pour commencer à se justifier prés de *son frere,*[191] car il ose encore le nommer de la sorte, dit quelque chose du *dessein qu'il pouvoit avoir* dans ce qui vient d'arriver;[192] et sans doute il alloit forger quelque excellente imposture, lors que le mary, sans luy donner loisir de s'expliquer, épouventé de son effronterie, *le chasse de sa maison, et luy commande d'en sortir.*[193] Comme Panulphe voit que ces charmes ordinaires ont perdu leur vertu, sachant bien que quand [63] une fois on est revenu de ces entêtemens extremes, on n'y retombe jamais; et pour cela mesme voyant bien qu'il n'y a plus d'esperance pour luy, il change de batterie, et sans pourtant sortir de son personnage naturel de Devot, dont il voit bien dés là qu'il aura extremement besoin dans la grande affaire qu'il va entreprendre;[194] mais seulement comme justement irrité de l'outrage qu'on fait à son innocence, il répond à ces menaces par d'autres plus fortes, et dit que *c'est à eux à vuider la maison dont il est le maitre*[195] en vertu de la donation dont il a esté parlé;[196] et les quittant là-dessus, les laisse dans le plus grand de tous les étonnemens, qui augmente encore lors que le bon homme se souvient d'une certaine cassette, dont [64] il témoigne d'abord estre en extreme peine,[197] sans dire ce que c'est, étant trop pressé d'aller voir si elle est encore dans un lieu qu'il dit; il y court, et sa femme le suit.

Le cinquieme Acte commence par le Mary et le Frere: le premier, étourdi de n'avoir point trouvé cette cassette, dit qu'elle est de grande consequence, et que *la vie, l'honneur et la fortune de ses meilleurs amis, et peutestre la sienne propre, dependent des papiers qui sont dedans.*[198] Interrogé pourquoy il l'avoit confiée à Panulphe, il répond que c'est encore *par principe de conscience,* que Panulphe luy fit entendre que *si on venoit à luy demander ces papiers, comme tout se sait, il seroit contraint de nier de les avoir pour ne pas trahir* [65] *ses amis; que, pour eviter ce mensonge, il n'avoit qu'à les remettre dans ses mains, où ils seroient autant dans sa disposition qu'auparavant, aprés quoy il pouroit sans scrupule nier hardiment de les avoir.*[199] Enfin le Bonhomme explique merveilleusement à son Beaufrere par l'exemple de cette affaire, de quelle maniere les Bigots savent interesser la conscience dans tout ce qu'ils font et ne font pas, et étendre leur empire par cette voie jusqu'aux choses les plus importantes et les plus eloignées de leur profession.[200]

Le Frere fait dans ces perplexitez le personnage d'un veritable honnête homme, qui songe à reparer le mal arrivé, et ne s'amuse point à le reprocher à ceux qui l'ont causé, comme font la plûpart des gens, sur tout quand [66] par hazard ils ont prevû ce qu'ils voyent. Il examine murement les choses, et conclut à la desolation commune, que *le fourbe étant armé de toutes ces differentes pieces regulierement, peut les perdre de toute maniere,*[201] et que c'est une affaire sans resource. Sur cela le Mary s'emporte pitoyablement, et conclut par un raisonnement ordinaire aux gens de sa sorte, *qu'il ne se fiera jamais en homme de bien.*[202] Ce que son Beaufrere releve excellemment, en luy remontrant *sa mauvaise disposition d'esprit, qui luy fait juger de tout avec excés, et l'empêche de s'arrêter jamais dans le juste milieu, dans lequel seul se trouve la justice, la raison et la verité; que de mesme que l'estime et la consideration qu'on doit avoir pour les veritables gens de bien ne doit point passer jusqu'aux méchans qui savent* [67] *se couvrir de quelque apparence de vertu;, ainsi l'horreur qu'on doit avoir pour les méchans et pour les hypocrites ne doit point faire de tort aux veritables gens de bien, mais au contraire doit augmenter la veneration qui leur est dûe, quand on les connoit parfaitement.*[203] Là-dessus la Vieille arrive, et tous les autres. Elle demande d'abord *quel bruit c'est qui court d'eux par le monde?*[204] Son Fils répond que c'est que *Monsieur Panulphe le veut chasser de chez luy, et le dépouiller de tout son bien, parce qu'il l'a surpris caressant sa femme.*[205] La Suivante sur cela, qui n'est pas si honnête que le Frere, ne peut s'empêcher de s'écrier, *Le pauvre homme!,*[206] comme le Mary faisoit au premier Acte touchant le mesme Panulphe. La Vieille, encore entêtée du saint personnage, n'en veut [68] rien croire, et sur cela enfile un long lieu commun *de la médisance et des méchantes langues.*[207] Son Fils luy dit qu'*il l'a vû,* et que ce n'est pas un ouï dire.[208] La Vieille, qui ne l'écoute pas, et qui est charmée de la beauté de son lieu commun, ravie d'avoir une occasion illustre, comme celle-là, de le pousser bien loin, continue sa legende,[209] et cela tout par les manieres ordinaires aux gens de cet âge, des proverbes, des apophtegmes, des dictons du vieux tems, des exemples de sa jeunesse et des citations de gens qu'elle a connus.[210] Son fils a beau se tuer de luy repeter qu'*il l'a vû;*[211] elle qui ne pense point à ce qu'il luy dit, mais seulement à ce qu'elle veut dire, ne s'ecarte point de son premier chemin; sur quoy la Servante encore mali- [69] cieusement comme il convient à ce personnage, mais pourtant fort moralement, dit au Mary, *qu'il est puni selon ses merites; et que comme il n'a point voulu croire lontems ce qu'on luy disoit, on ne veut point le croire luymesme à present sur le mesme sujet.*[212] Enfin la Vieille, forcée de prêter l'oreille pour un moment, répond en s'opiniâtrant, que *quelquefois il faut tout voir pour bien juger; que l'intention est cachée; que la passion préoccupe, et fait paroistre les choses autrement qu'elles ne sont, et qu'enfin il ne faut pas toûjours croire tout ce qu'on voit; qu'ainsi il faloit s'assurer mieux de la chose avant que de faire éclat,*[213] sur quoy son Fils, s'emportant, luy repart brusquement qu'*elle voudroit donc qu'il eust attendu pour éclater que Panulphe eusse ... vous me feriez dire quelque* [70] *sotise.*[214] Maniere admirablement naturelle de faire entendre avec bienseance une chose aussi delicate que celle-là.

Le pauvre homme seroit encore à present, que je croy, à persuader sa mere de la verité de ce qu'il luy dit, et elle à le faire enrager, si quelqu'un n'heurtoit[215] à la porte. C'est un homme qui, à la maniere obligeante, honnête, caressante et civile dont il aborde la compagnie, soy disant venir de la part de Monsieur Panulphe, semble estre là pour demander pardon, et accommoder toutes choses avec douceur, bien loin d'y estre pour sommer toute la famille, dans la personne du chef, de vuider la maison au plutôt: car enfin, comme il se declare luymesme, *il s'appelle Loyal, et depuis trente ans il est Sergent à verge en* [71] *dépit de l'envie.*[216] Mais tout cela, comme j'ay dit, avec le plus grand respect et la plus tendre amitié du monde. Ce personnage est un supplément admirable du caractere bigot, et fait voir comme il en est de toutes professions, et qui sont liez ensemble bien plus étroitement que ne le sont les gens de bien; parce qu'étant plus interessez, ils considerent davantage et connoissent mieux combien ils se peuvent estre utiles les uns aux autres dans les occasions;[217] ce qui est l'ame de la cabale.[218] Cela se voit bien clairement dans cette Scene; car cet homme qui a tout l'air de ce qu'il est, c'est à dire du plus rafiné fourbe de sa profession, ce qui n'est pas peu de chose, cet homme, dis-je, y fait l'acte du monde le plus sanglant avec toutes les [72] façons qu'un homme de bien pourroit faire le plus obligeant; et cette detestable[219] maniere sert encore au but des Panulphes, pour ne se faire point d'affaires nouvelles, et au contraire mettre les autres dans le tort par cette conduite si honnête en apparence, et si barbare en effet. Ce caractere est si beau que je ne saurois en sortir; aussi le Poëte, pour le faire jouër plus lontems, a employé toutes les adresses de son art. Il fait luy dire[220] plusieurs choses d'un ton et d'une force differente par les diverses personnes qui composent la compagnie, pour le faire répondre à toutes selon son but; mesme pour le faire davantage parler, il le fait proposer et offrir une espece de grace, qui est un delay d'execution, mais accompagné de circonstan- [73] ces plus choquantes que ne seroit un ordre absolu.[221] Enfin il sort, et à peine la Vieille s'est-elle écriée, *je ne say plus que dire, et suis toute ebaubie,*[222] et les autres ont-ils fait reflexion sur leur avanture, que Valere, l'amant de Mariane, entre et donne avis au mary que *Panulphe, par le moyen des papiers qu'il a entre les mains, l'a fait passer pour criminel d'Etat prés du Prince; qu'il sait cette nouvelle par l'Officier mesme qui a ordre de l'arrêter, lequel a bien voulu luy rendre ce service que de l'en avertir; que son carosse est à la porte avec mille louïs pour prendre la fuite.*[223] Sans autre deliberation on oblige le mari à le suivre; mais, comme ils sortent, ils rencontrent Panulphe avec l'Officier, qui les arrêtent. Chacun éclate contre l'Hypocrite en reproches de di- [74] verses manieres, à quoy, étant pressé, il répond que *la fidelité qu'il doit au Prince est plus forte sur luy que toute autre consideration.*[224] Mais le Frere de la Dame repliquant à cela, et luy demandant *pourquoy, si son Beaufrere est criminel, il a attendu pour le déferer qu'il l'eût surpris voulant corrompre la fidelité de sa femme?*[225] Cette attaque le mettant hors de defense, il prie l'Officier *de le delivrer de toutes ces criailleries, et de faire sa charge.*[226] Ce que l'autre luy accorde, mais *en le faisant prisonnier luymesme.*[227] Dequoy tout le monde étant surpris, l'Officier rend raison, et cette raison est le dénouëment. Avant que je vous le declare, permettez-moy de vous faire remarquer que l'esprit de tout cet Acte, et son seul effet et but jusqu'icy n'a été que de representer [75] les affaires de cette pauvre famille dans la derniere desolation par la violence et l'impudence de l'Imposteur, jusques là qu'il paroit que c'est une affaire sans resource dans les formes; de sorte qu'à moins de quelque Dieu qui y mette la main, c'est a dire de la Machine, comme parle Aristote,[228] tout est deploré.

L'Officier declare donc que *le Prince ayant penetré dans le coeur du fourbe par une lumiere toute particuliere aux Souverains pardessus les autres hommes, et s'étant informé de toutes choses sur sa delation, avoit découvert l'imposture et reconnu que cet homme étoit le mesme, dont, sous un autre nom, il avoit déja ouï parler, et savoit une longue histoire toute tissue des plus étranges friponneries et des plus noires avantures dont il* [76] *ait jamais été parlé; que nous vivons sous un regne où rien ne peut échaper à la lumiere du Prince, où la calomnie est confondue par sa seule presence, et où l'hypocrisie est autant en horreur dans son esprit qu'elle est accreditée parmy ses sujets; que cela étant, il a d'autorité absolue annullé tous les actes favorables à l'Imposteur et fera rendre tout ce dont il étoit saisi; et qu'enfin c'est ainsi qu'il reconnoit les services que le bon homme a rendus autrefois à l'Etat dans les armées, pour montrer que rien n'est perdu prés de luy, et que son equité, lors que moins on y pense, des bonnes actions donne la recompense.*[229] Il me semble que si dans tout le reste de la piece l'Auteur a egalé tous les anciens et surpassé tous les modernes, on peut dire que dans ce dénoüement il s'est surpassé luymesme, n'y ayant rien [77] de plus grand, de plus magnifique et de plus merveilleux, et cependant rien de plus naturel, de plus heureux et de plus juste, puisqu'on peut dire que, s'il étoit permis d'oser faire le caractere de l'ame de notre grand Monarque, ce seroit sans doute dans cette plenitude de lumiere, cette prodigieuse penetration d'esprit, et ce discernement merveilleux de toutes choses qu'on le feroit consister. Tant il est vray, s'écrient icy ces Messieurs dont j'ay pris à tâche de vous rapporter les sentiments, tant il est vray, disent-ils, que le Prince est digne du Poëte, comme le Poëte est digne du Prince.

Achevons notre piece en deux mots, et voyons comme les caracteres y sont produits dans toutes leurs faces. Le Mary voyant tou- [78] tes choses changées, suivant le naturel des ames foibles, insulte au miserable

Panulphe; mais son Beaufrere le reprend fortement, *en souhaitant au contraire à ce malheureux qu'il fasse un bon usage de ce revers de fortune; et qu'au lieu des punitions qu'il merite, il reçoive du Ciel la grace d'une veritable penitence qu'il n'a pas meritée.*[230] Conclusion, à ce que disent ceux que les bigots font passer pour athées,[231] digne d'un ouvrage si saint, qui, n'étant qu'une instruction tres chrêtienne de la veritable devotion, ne devoit pas finir autrement que par l'exemple le plus parfait qu'on ait peutêtre jamais proposé, de la plus sublime de toutes les Vertus evangeliques, qui est le pardon des ennemis.[232]

[79] Voila, Monsieur, quelle est la piece qu'on a defenduë; il se peut faire qu'on ne voit pas le venin parmy les fleurs, et que les yeux des Puissances sont plus épurez que ceux du vulgaire:[233] si cela est, il semble qu'il est encor de la charité des religieux persecuteurs du miserable Panulphe de faire discerner le poison que les autres avalent faute de le connoitre; à cela prés, je ne me mêle point de juger des choses de cette delicatesse, je crains trop de me faire des affaires comme vous savez;[234] c'est pourquoy je me contenteray de vous communiquer deux reflexions qui me sont venuës dans l'esprit, qui ont peutêtre été faites par peu de gens, et qui, ne touchant point le fond de la question, peuvent être proposées sans manquer au respect que [80] tous les gens de bien doivent avoir pour les jugemens des Puissances legitimes.

La premiere est sur l'étrange disposition d'esprit touchant cette Comedie, de certaines gens, qui, supposant ou croyant de bonne foi qu'il ne s'y fait ny dit rien qui puisse en particulier faire aucun méchant effet, ce qui est le point de la question, la condamnent toutefois en general, à cause seulement qu'il y est parlé de la Religion, et que le Theatre, disent-ils, n'est pas un lieu où il la faille enseigner.[235]

Il faut être bien enragé contre Moliere pour tomber dans un égarement si visible; et il n'est point de si chetif lieu commun, où l'ardeur de critiquer et de mordre ne se puisse retrancher [81], aprés avoir osé faire son fort d'une si miserable et si ridicule defense. Quoy, si on produit la Verité avec toute la dignité qui doit l'accompagner par tout; si on a prévû et evité jusqu'aux effets les moins fâcheux qui pouvoient arriver, mesme par accident, de la peinture du vice; si on a pris, contre la corruption des esprits du siecle toutes les precautions qu'une connoissance parfaite de la saine Antiquité,[236] une veneration solide pour la Religion, une meditation profonde de la nature de l'ame, une experience de plusieurs années et qu'un travail effroyable ont pû fournir, il se trouvera, aprés cela, des gens capables d'un contresens si horrible que de proscrire un ouvrage qui est le resultat de tant d'excellens preparatifs, par cette [82] seule raison, qu'il est nouveau de voir exposer la Religion dans une sale de Comedie, pour bien, pour dignement, pour discretement, necessairement et utilement qu'on le fasse![237] Je ne feins pas de vous avouër que ce sentiment me paroit un des plus considerables effets de la corruption du siècle où nous vivons: c'est par ce principe de fausse bienseance qu'on relegue la Raison et la Verité[238] dans les païs barbares et peu frequentez, qu'on les borne dans les Ecoles et dans les Eglises, où leur puissante vertu est presque inutile, parce qu'elles n'y sont cherchées que de ceux qui les aiment et qui les connoissent, et que, comme si on se défioit de leur force et de leur autorité, on n'ose les commettre où elles peuvent rencontrer leurs en- [83] nemis. C'est pourtant là qu'elles doivent paroitre;[239] c'est dans les lieux les plus profanes, dans les places publiques, les tribunaux, les palais des Grands seulement, que se trouve la matiere de leur triomphe: et comme elles ne sont, à proprement parler, Verité et Raison, que quand elles convainquent les esprits et qu'elles en chassent les tenebres de l'erreur et de l'ignorance par leur lumiere[240] toute divine, on peut dire que leur essence consiste dans leur action; que ces lieux où leur operation est le plus necessaire sont leurs lieux naturels; et qu'ainsi c'est les détruire en quelque façon, que les reduire à ne paroitre que parmy leurs adorateurs. Mais passons plus avant.

Il est certain que la Religion n'est que la perfection de la Rai- [84] son, du moins pour la Morale; qu'elle la purifie, qu'elle l'éleve et qu'elle dissipe seulement les tenèbres que le peché d'origine a répandues dans le lieu de sa demeure: enfin que la Religion n'est qu'une Raison plus parfaite.[241] Ce seroit être dans le plus deplorable aveuglement des Payens que de douter de cette verité.[242] Cela étant, et puisque les Philosophes les plus sensuels[243] n'ont jamais douté que la raison ne nous fût donnée par la Nature pour nous conduire en toutes choses par ses lumieres; puisqu'elle doit être partout aussi presente à notre ame que l'oeil à notre corps, et qu'il n'y a point d'acceptions de personnes, de tems ny de lieux auprés d'elle, qui peut douter qu'il n'en soit de même de la Religion, que cette [85] lumiere divine, infinie comme elle est par essence, ne doive faire briller par tout sa clarté; et qu'ainsi que Dieu remplit tout de luymême, sans aucune distinction, et ne dédaigne pas d'être aussi present dans les lieux du monde les plus infames, que dans les plus augustes et les plus sacrez,[244] aussi les veritéz saintes, qu'il luy a plu de manifester aux hommes, ne puissent être publiées dans tous les tems et dans tous les lieux où il se trouve des oreilles pour les entendre et des coeurs pour recevoir la grace qui fait les cherir?[245]

Loin donc, loin d'une ame vraiment chrêtienne ces indignes ménagemens et ces cruelles bienseances, qui voudroient nous empêcher de travailler à la sanctification de nos freres par tout [86] où nous le pouvons: la charité ne souffre point de bornes; tous lieux, tous tems luy sont bons pour agir et faire du bien: elle n'a point d'égard à sa dignité, quand il y va de son interest; et comment pouroit-elle en avoir, puisque cet interest consistant, comme il fait, à convertir les méchans, il faut qu'elle les cherche pour les combattre, et qu'elle ne peut les trouver pour l'ordinaire que dans des lieux indignes d'elle?

Il ne faut pas donc qu'elle dedaigne de paroitre dans ces lieux, et qu'elle ait si mauvaise opinion d'elleméme, que de penser qu'elle puisse être avilie en s'humiliant. Les Grands du monde peuvent avoir ces basses considerations, eux de qui toute la dignité est empruntée et relative, [87] et qui ne doivent être vûs que de loin et dans toute leur parure pour conserver leur autorité, de peur qu'étant vûs de prés et à nu, on ne leur découvre leurs taches et qu'on ne reconnoisse leur petitesse naturelle;[246] qu'ils ménagent avec avarice le foible caractere de grandeur qu'ils peuvent avoir; qu'ils choisissent scrupuleusement les jours qui le font davantage briller; qu'ils se gardent bien de se commettre jamais en des lieux qui ne contribuënt pas à les faire paroitre elevez et parfaits: à la bonne heure; mais que la Charité redoute les mêmes inconveniens, que cette Souveraine des ames chrêtiennes apprehende de voir sa dignité diminuée en quelque lieu qu'il lui plaise de se montrer, c'est ce qui ne se peut penser sans crime; et [88] comme on a dit autrefois, que plutôt que Caton fût vicieux, l'ivrognerie seroit une vertu,[247] on peut dire avec bien plus de raison que les lieux les plus infames seroient dignes de la presence de cette Reine, plutôt que sa presence dans ces lieux pût porter aucune atteinte à sa dignité.[248]

En effet, Monsieur, car ne croyez pas que j'avance ici des paradoxes, c'est elle qui les rend dignes d'elle ces lieux si indignes en euxmêmes; elle fait, quand il lui plait, un temple d'un palais, un sanctuaire d'un theatre et un sejour de benedictions et de graces d'un lieu de débauche et d'abomination.[249] Il n'est rien de si profane qu'elle ne sanctifie, de si corrompu qu'elle ne purifie, de si méchant qu'elle ne rectifie, rien de si extraordinaire, de si in- [89] usité et de si nouveau qu'elle ne justifie. Tel est le privilege de la Verité produite par cette Vertu, le fondement et l'ame de toutes les autres Vertus.[250]

Je sai que le principe que je pretens établir a ses modifications comme tous les autres; mais je soutiens qu'il est toujours vrai et constant, quand il ne s'agit que de parler comme ici. La Religion a ses lieux et ses tems affectez pour ses sacrifices, ses ceremonies et ses autres mysteres; on ne peut les transporter ailleurs sans crime: mais ses veritez qui se produisent par la parole sont de tous tems[251] et de tous lieux; parce que le parler êtant necessaire en tout et par tout, il est toujours plus utile et plus saint[252] de l'employer à publier la vertu et à prêcher la verité qu'à quelqu'autre [90] sujet que ce soit.[253]

L'Antiquité, si sage en toutes choses,[254] ne l'a pas été moins dans celle-ci que dans les autres; et les Payens, qui n'avoient pas moins de respect pour leur Religion que nous en avons pour la nôtre, n'ont pas craint de la produire sur leurs theatres;[255] au contraire, connoissant de quelle importance il étoit de l'imprimer dans l'esprit du peuple, ils ont crû sagement ne pouvoir mieux lui en persuader la verité que par les spectacles qui lui sont si agreables.[256] C'est pour cela que leurs Dieux paroissent si souvent sur la Scene; que les denoüemens, qui sont les endroits les plus importans du Poëme, ne se faisoient présque jamais de leur tems[257] que par quelque Divinité; et qu'il n'y avoit point de piece qui ne [91] fût une agreable leçon et une preuve exemplaire de la clemence ou de la justice du Ciel envers les hommes.[258] Je sai bien qu'on me répondra que nôtre Religion a des occasions affectées pour cet effet, et que la leur n'en avoit point: mais, outre qu'on ne sauroit ecouter la Verité trop souvent et en trop de lieux, l'agreable maniere de l'insinuer au theatre est un avantage si grand par dessus les lieux où elle paroit avec toute son austerité, qu'il n'y a pas lieu de douter, naturellement parlant, dans lequel des deux elle fait plus d'impression.[259]

Ce fut pour toutes ces raisons que nos peres, dont la simplicité avoit autant de rapport avec l'Evangile que nôtre rafinement en est eloigné, voulant profiter à l'edification du peuple de son incli- [92] nation naturelle pour les spectacles, instituerent premierement la Comedie, pour representer la Passion du Sauveur du monde et semblables sujets pieux.[260] Que si la corruption qui s'est glissée dans les moeurs depuis ce tems heureux a passé jusqu'au Theatre et l'a rendu aussi profane qu'il devoit être sacré, pourquoi, si nous sommes assez heureux pour que le Ciel ait fait naitre dans nos tems quelque genie capable de lui rendre sa premiere sainteté, pourquoi l'empêcherons-nous et ne permettrons-nous pas une chose que nous procurerions avec ardeur, si la charité regnoit dans nos ames et s'il n'y avoit pas tant de besoin qu'il y en a aujourd'hui parmi nous, de décrier l'hypocrisie et de prêcher la veritable devotion?

[93] La seconde de mes reflexions est sur un fruit veritablement[261] accidentel, mais aussi très important, que non seulement je croi qu'on peut tirer de la representation de l'Imposteur, mais même qui en arriveroit infailliblement. C'est que jamais il ne s'est frappé un plus rude coup contre tout ce qui s'appelle galanterie solide[262] en termes honnêtes, que cette piece; et que si quelque chose est capable de mettre la fidelité des mariages à l'abri des artifices de ses corrupteurs, c'est assurément cette Comedie, parce que les voies les plus ordinaires et les plus fortes par où on a coutume d'attaquer les femmes y sont tournées en ridicule d'une maniere si vive et si puissante qu'on paroitroit sans doute ridicule quand on voudroit les em- [94] ployer aprés cela, et par consequent on ne reüssiroit pas.

Quelquesuns trouveront peutêtre étrange ce que j'avance ici; mais je les prie de n'en pas juger souverainement qu'ils n'ayent vû representer la piece, ou du moins de s'en remettre à ceux qui l'ont vûe:[263] car, bien loin que ce que je viens d'en rapporter suffise pour cela, je doute même si la lecture toute entiere pouroit faire juger tout l'effet que produit sa representation.[264] Je sai encor qu'on me dira que, le vice dont je parle étant le plus naturel de tous, ne manquera jamais de charmes capables de surmonter tout ce que cette Comedie y pouroit attacher de ridicule: mais je répons à cela deux choses, l'une, que dans l'opinion de tous les gens qui connoissent le monde, [95] ce peché, moralement parlant, est le plus universel qu'il puisse être; l'autre, que cela procede beaucoup plus, sur tout dans les femmes, des moeurs, de la liberté et de la legereté de nôtre nation, que d'aucun panchant naturel, étant certain que de toutes les civilisées il n'en est point qui y soit moins portée par le temperament que la Françoise;[265] cela supposé, je suis persuadé que le degré de ridicule où cette piece feroit paroitre tous les entretiens et les raisonnemens, qui sont les preludes naturels de la galanterie du tête à tête, qui est la dangereuse, je pretens, dis-je, que ce caractere de ridicule,[266] qui seroit inseparablement attaché à ces voies et à ces acheminemens de corruption par cette representation, seroit assez puissant et assez [96] fort pour contrebalancer l'attrait qui fait donner dans le panneau les trois parts[267] des femmes qui y donnent.

C'est ce que je vous ferai voir plus clair que le jour, quand vous voudrez: car comme il faut pour cela traiter à fond du Ridicule, qui est une des plus sublimes matieres de la veritable Morale, et que cela ne se peut sans quelque longueur, et sans examiner des questions un peu trop speculatives pour cette Lettre, je ne pense pas devoir l'entreprendre ici.[268] Mais il me semble que je vous voi plaindre de ma circonspection à vôtre accoutumée et trouver mauvais que je ne vous dise pas absolument tout ce que je pense: il faut donc vous contenter toutafait, et voici ce que vous demandez.

[97] Quoique la Nature nous ait fait naitre capables de connoitre la Raison pour la suivre, pourtant jugeant bien que si elle n'y attachoit quelque marque sensible qui nous rendît cette connoissance facile, nôtre foiblesse et nôtre paresse[269] nous priveroient de l'effet d'un si rare avantage, elle a voulu donner à cette Raison quelque sorte de forme exterieure et de dehors reconnoissable. Cette forme est en general quelque motif de joie et quelque matiere de plaisir que nôtre ame trouve dans tout objet moral. Or ce plaisir, quand il vient des choses raisonnables, n'est autre que cette complaisance delicieuse qui est excitée dans nôtre esprit par la connoissance de la Verité et de la vertu: et quand il vient de la vûe de l'ignorance et de l'erreur, [98] c'estadire de ce qui manque de Raison, c'est proprement le sentiment par lequel nous jugeons quelque chose ridicule. Or, comme la Raison produit dans l'ame une joie mêlée d'estime, le ridicule y produit une joie mêlée de mépris, parceque toute connoissance qui arrive à l'ame produit necessairement dans l'entendement un sentiment d'estime ou de mépris, comme dans la volonté un mouvement d'amour ou de haine.[270]

Le Ridicule est donc la forme exterieure et sensible que la providence de la Nature[271] a attachée à tout ce qui est déraisonnable, pour nous en faire appercevoir et nous obliger à le fuir. Pour connoitre ce ridicule il faut connoitre la Raison dont il signifie le defaut et voir en quoi [99] elle consiste. Son caractere n'est autre dans le fond que la convenance,[272] et sa marque sensible, la bienseance, c'estadire le fameux *quod decet* des anciens;[273] de sorte que la bienseance est à l'egard de la convenance ce que les Platoniciens disent que la beauté est à l'egard de la bonté, c'estadire qu'elle en est la fleur, le dehors, le corps et l'apparence exterieure, que la bienseance est la raison apparente, et que la convenance est la raison essentielle.[274] Delà vient que ce qui sied bien est toujours fondé sur quelque raison de convenance, comme l'indecence sur quelque disconvenance,[275] c'estadire le Ridicule sur quelque manque de Raison. Or si la disconvenance est l'essence du Ridicule, il est aisé de voir pourquoi la galanterie de [100] Panulphe paroit ridicule, et l'hypocrisie en general aussi; car ce n'est qu'à cause que les actions secretes des bigots ne conviennent pas à l'idée que leur devote grimace et l'austerité de leurs discours a fait former d'eux au public.[276]

Mais quand cela ne suffiroit pas, la suite de la representation met dans la derniere evidence ce que je dis: car le mauvais effet que la galanterie de Panulphe y produit le fait paroitre si fort et si clairement ridicule, que le Spectateur le moins intelligent en demeure pleinement convaincu. La raison de cela est que selon mon principe nous estimons Ridicule ce qui manque extremement de Raison: or, quand des moyens produisent une fin fort differente de celle pour quoi on [101] les employe, nous supposons avec juste sujet qu'on en a fait le choix avec peu de raison, parce que nous avons cette prevention generale[277] qu'il y a des voies par tout et que, quand on manque de reüssir, c'est faute d'avoir choisi les bonnes. Ainsi parce qu'on voit que Panulphe ne persuade pas sa Dame, on conclut que les moyens dont il se sert ont une grande disconvenance avec sa fin, et par consequent qu'il est ridicule de s'en servir.[278]

Or non seulement la galanterie de Panulphe ne convient pas à sa mortification[279] apparente et ne fait pas l'effet qu'il pretend, ce qui le rend ridicule, comme vous venez de voir, mais cette galanterie est extreme aussibien que cette mortification, et fait le plus méchant effet qu'elle pouvoit [102] faire, ce qui le rend extremement ridicule, comme il étoit necessaire pour en tirer le fruit que je pretens.[280]

Vous me direz qu'il paroit bien par tout ce que je viens de dire que les raisonnemens et les manieres de Panulphe semblent ridicules, mais qu'il ne s'ensuit pas qu'elles le semblassent dans un autre;[281] parceque, selon ce que j'ai établi, le Ridicule étant quelque chose de relatif, puisque c'est une espece de disconvenance, la raison pourquoi ces manieres ne conviennent pas à Panulphe n'auroit pas lieu dans un homme du monde qui ne seroit pas devot de profession comme lui, et par consequent elles ne seroient pas ridicules dans cet homme comme dans lui.

Je répons à cela que l'excés de [103] Ridicule que ces manieres ont dans Panulphe fait que toutes les fois qu'elles se presenteront au Spectateur, dans quelqu'autre occasion, elles lui sembleront assurément ridicules, quoique peutêtre elles ne le seront pas tant dans cet autre sujet que dans Panulphe: mais c'est que l'ame, naturellement avide de joie, se laisse ravir necessairement à la premiere vûe des choses qu'elle a conçûes une fois comme extremement ridicules, et qui lui rafraichissent l'idée du plaisir tres sensible qu'elle a goûté cette premiere fois: or, dans cet état, l'ame n'est pas capable de faire la difference du sujet où elle voit ces objets ridicules avec celui où elle les a premierement vûs. Je veux dire qu'une femme qui sera pressée par les mêmes raisons que Pa-[104]nulphe employe ne peut s'empêcher d'abord de les trouver ridicules, et n'a garde de faire reflexion sur la difference qu'il y a entre l'homme qui lui parle et Panulphe, et de raisonner sur cette difference, comme il faudroit qu'elle fît pour ne pas trouver ces raisons aussi ridicules qu'elles lui ont semblé quand elle les a vû proposer à Panulphe. La raison de cela est que nôtre imagination, qui est le receptacle naturel du Ridicule, selon sa maniere ordinaire d'agir, en attache si fortement le caractere au materiel dans quoi elle {le}[282] voit, comme sont ici les paroles et les manieres de Panulphe, qu'en quelqu'autre lieu, quoique plus decent, que nous trouvions ces mêmes manieres, nous sommes d'abord fra [105]- pez d'un souvenir de cette premiere fois, si elle a fait une impression extraordinaire, lequel, se mêlant mal à propos avec l'occasion presente et partageant l'ame à force de plaisir qu'il lui donne, confond les deux occasions en une, et transporte dans la derniere tout ce qui nous a charmez et nous a donné de la joie dans la premiere; ce qui n'est autre que le Ridicule de cette premiere.[283]

Ceux qui ont étudié la nature de l'ame, et le progrés de ses operations morales ne s'étonneront pas de cette forme de proceder si irreguliere dans le fond, et qu'elle prenne ainsi le change et attribue de cette sorte à l'un ce qui ne convient qu'à l'autre: mais enfin c'est une suite necessaire de la violente et forte im- [106] pression qu'elle a reçûe une fois d'une chose, et de ce qu'elle ne reconnoit d'abord et ne juge les objets que par la premiere apparence de ressemblance qu'ils ont avec ce qu'elle a connu auparavant, et qui frappe d'abord les sens.[284]

Cela est si vrai et telle est la force de la prevention, que je croirois prouver suffisamment ce que je pretens, en vous faisant simplement remarquer que les raisonnemens de Panulphe, qui sont les moyens qu'il employe pour venir à son but, étant imprimez dans l'esprit de quiconque a vû cette piece comme ridicules, ainsi que je l'ai prouvé, et par consequent comme mauvais moyens: naturellement parlant, toute femme prés de qui on voudra les employer aprés ce-[107] la, les rendra inutiles en y resistant, par la seule prevention où cette piece l'aura mise qu'ils sont inutiles en euxmêmes.

Que si pourtant, malgré tout ce que je viens de dire, on veut que l'ame, aprés le premier mouvement qui lui fait embrasser avec empressement la plus legere image de Ridicule, revienne à soi et fasse à la fin la difference des sujets, du moins m'avoüerez-vous que ce retour ne se fait pas d'abord; qu'elle a besoin d'un tems considerable pour faire tout le chemin qu'il faut qu'elle fasse pour se desabuser de cette premiere impression; et qu'il est quelques instans où la vûe d'un objet qui a paru extremement ridicule dans quelqu'autre lieu le represente encor comme tel, quoique peutêtre il ne le soit pas dans celui-ci.

[108] Or ces premiers instans sont de grande consideration dans ces matieres, et font presque tout l'effet que feroit une extreme durée, parcequ'ils rompent toujours la chaine de la passion et le cours de l'imagination, qui doit tenir l'ame attachée dés le commencement jusqu'au bout d'une entreprise amoureuse, afin qu'elle reüssisse; et parceque le sentiment du Ridicule, étant le plus froid de tous, amortit et éteint absolument cette agreable emotion et cette douce et benigne chaleur qui doit animer l'ame dans ces occasions. Que le sentiment du Ridicule soit le plus froid de tous, il paroit bien, parceque c'est un pur jugement plaisant et enjoüé d'une chose proposée:[285] or il n'est rien de plus serieux que tout ce qui a quelque [109] teinture de passion; donc il n'y a rien de plus opposé au sentiment passionné d'une joie amoureuse que le plaisir spirituel que donne le Ridicule.

Si je cherchois matiere à philosopher, je pourois vous dire, pour achever de vous convaincre de l'importance des premiers instans en matiere de Ridicule, que l'extreme attachement de l'ame pour ce qui lui donne du plaisir, comme le Ridicule des choses qu'elle voit, ne lui permet pas de raisonner pour se priver de ce plaisir, et par consequent qu'elle a une repugnance naturelle à cesser de considerer comme Ridicule ce qu'elle a une fois considéré comme tel: et c'est peutêtre pour cette raison que, comme il arrive souvent, nous ne saurions traiter serieuse- [110] ment de certaines choses, pour les avoir d'abord envisagées de quelque côté ou ridicule, ou seulement qui a rapport à quelque idée de ridicule que nous avions et qui nous l'a rafraichie:[286] combien donc à plus forte raison cette premiere impression fait-elle le même effet dans les occasions aussi serieuses que celles-ci. Car, comme je viens de le remarquer, il ne faut point dire que ce soient des affaires à être traitées en riant, n'y ayant rien de plus serieux que ces sortes d'entreprises, ce que je veux bien repeter, parcequ'il est fort important pour mon but et rien qui soit plutôt demonté par le moindre mélange de ridicule, comme les experts le peuvent témoigner; et tout cela parceque le sentiment du Ridicule est le plus choquant, le [111] plus rebutant, et le plus odieux de tous les sentimens de l'ame.[287]

Mais s'il est generalement desagreable, il l'est particulierement pour un homme amoureux, qui est le cas de nôtre question. Il est peu d'honnêtes gens qui ne soient convaincus par experience de cette verité; aussi est-il bien aisé de la prouver. La raison en est que, comme il n'y a rien qui nous plaise tant à voir en autrui qu'un sentiment passionné, ce qui est peutêtre le plus grand principe de la veritable Rhétorique,[288] aussi n'y a-t-il rien qui déplaise plus que la froideur et l'apathie qui accompagne le sentiment du ridicule, sur tout dans une personne qu'on aime; de sorte qu'il est plus avantageux d'en être haï, parceque quelque passion qu'une femme ait pour [112] vous, elle est toujours favorable, êtant toujours une marque que vous estes capable de la toucher, qu'elle vous estime, et qu'elle est bien aise que vous l'aimiez; au lieu que ne la toucher point du tout et lui être indifferent, à plus forte raison lui paroitre méprisable pour peu que ce soit, c'est toujours être à son égard dans un néant[289] le plus cruel du monde, quand elle est tout au vôtre;[290] de sorte que pour peu qu'un homme ait de courage ou d'autre voie ouverte pour revenir à la liberté et à la raison, la moindre marque qu'il aura de paroitre ridicule le guerira absolument, ou du moins le troublera et le mettra en desordre, et par conséquent hors d'état de pousser une femme à bout pour cette fois, et elle de même en su- [113] reté quant à lui: ce qui est le but de ma reflexion.[291]

Mais non seulement quand l'impression premiere de Ridicule qui se fait dans l'esprit d'une femme, lorsqu'elle voit les mêmes raisonnemens de Panulphe dans la bouche d'un homme du monde, s'effaceroit absolument dans la suite, par la reflexion qu'elle feroit sur la difference qu'il y a de Panulphe à l'homme qui lui parle, non seulement, dis-je, quand cela arriveroit, cette premiere impression ne laisseroit pas de produire tout l'effet que je pretens, comme je l'ai prouvé; mais il est même faux qu'elle puisse être effacée entierement, parceque, outre que ces raisonnemens paroissent ridicules, comme je l'ai fait voir, ils le sont en effet, et ont toujours reellement quelque de- [114] gré de ridicule dans la bouche de qui que ce soit, s'ils n'en ont pas partout un aussi grand que dans Panulphe. La raison de cela est que, si le Ridicule consiste dans quelque disconvenance, il s'ensuit que tout mensonge, déguisement, fourberie, dissimulation, toute apparence differente du fond, enfin toute contrarieté entre actions qui procedent d'un même principe, est essentiellement ridicule.[292] Or tous les galans qui se servent des mêmes persuasions que Panulphe sont en quelque degré dissimulez et hypocrites comme lui; car il n'en est point qui voulût avoüer en public les sentimens qu'il declare en particulier à une femme qu'il veut perdre: ce qu'il faudroit qui fût, pour qu'il fût vrai de dire que ses sentimens de tête à [115] tête n'ont aucune disconvenance avec ceux dont il fait profession publique, et par consequent aucune indecence, ni aucun ridicule; et le premier fondement de tout cela est ce que j'ai établi dés l'entrée de cette reflexion, que la providence de la Nature a voulu que tout ce qui est méchant eût quelque degré de ridicule pour redresser nos voies par cette apparence de defaut de Raison et pour piquer nôtre orgueil naturel par le mépris qu'excite necessairement ce defaut, quand il est apparent, comme il est par le Ridicule; et c'est delà que vient l'extreme force du Ridicule sur l'esprit humain, comme de cette force procede l'effet que je pretens.[293] Car la connoissance du defaut de Raison d'une chose que nous donne [116] l'apparence de Ridicule qui est en elle nous fait la mesestimer necessairement,[294] parceque nous croyons que la Raison doit regler tout. Or ce mépris est un sentiment relatif de même que toute espece d'orgueil, c'estadire qui consiste dans une comparaison de la chose mesestimée avec nous au desavantage de la personne dans qui nous voyons cette chose, et à nôtre avantage;[295] car, quand nous voyons une action ridicule, la connoissance que nous avons du Ridicule de cette action nous eleve au dessus de celui qui la fait, parceque d'une part, personne n'agissant irraisonnablement à son sceu, nous jugeons que l'homme qui l'a faite ignore qu'elle soit dêraisonnable, et la croit raisonnable, donc qu'il est dans l'erreur et dans [117] l'ignorance, que naturellement nous estimons des maux; d'ailleurs par cela même que nous connoissons son erreur, par cela même nous en sommes exemts:[296] donc nous sommes en cela plus éclairez, plus parfaits, enfin plus que lui. Or cette connoissance d'être plus qu'un autre est fort agreable à la Nature; delà vient que le mépris qui enferme cette connoissance est toujours accompagné de joie: or cette joie et ce mépris composent le mouvement qu'excite le Ridicule dans ceux qui le voyent; et comme ces deux sentimens sont fondez sur les deux plus anciennes et plus essentielles maladies du genre humain, l'orgueil et la complaisance dans les maux d'autrui,[297] il n'est pas étrange que le sentiment du Ridicule soit si [118] fort, et qu'il ravisse l'ame comme il fait; elle qui se défiant à bon droit de sa propre excellence depuis le peché d'origine, cherche de tous côtez avec avidité dequoy la persuader aux autres et à soimême par des comparaisons qui lui soient avantageuses, cestadire par la consideration des defauts d'autrui.

Enfin il ne faut pas pour derniere objection qu'on me dise que tous les sentimens que j'attribuë aux gens et sur lesquels je fonde mon raisonnement dans tout ce discours ne se sentent pas comme je les dis; car ce n'est que dans les occasions qu'il paroit si on les a, ou non: ce n'est pas qu'alors même on s'apperçoive de les avoir; mais c'est seulement que l'on fait des actes qui supposent necessairement qu'on [119] les a; et c'est la maniere d'agir naturelle et generale de nôtre ame, qui ne s'avouë jamais à soi-même la moitié de ses propres mouvemens, qui marque rarement le chemin qu'elle fait, et que l'on ne pouroit point marquer aussi, si on ne le découvroit et si on ne le prouvoit de cette sorte par la lumiere et par la force du raisonnement.[298]

Voila, Monsieur, la preuve de ma reflexion; ce n'est pas à moi à juger si elle est bonne, mais je sai bien que si elle l'est, l'importance en est sans doute extreme; et s'il faut estimer les remedes dautant plus que les maladies sont incurables, vous m'avoüerez que cette Comedie est une excellente chose à cet égard, puisque tous les autres efforts qui se font contre la galanterie [120] sont absolument vains. En effet les Predicateurs foudroyent, les confesseurs exhortent, les Pasteurs menacent, les bonnes ames gemissent, les parens, les maris et les maitres veillent sans cesse, et font des efforts continuels aussi grans qu'inutiles pour brider l'impetuosité du torrent d'impureté qui ravage la France; et cependant c'est être ridicule dans le monde que de ne s'y laisser pas entrainer; et les uns ne font pas moins de gloire d'aimer l'incontinence que les autres en font de la reprendre. Le desordre ne procede d'autre cause que de l'opinion impie où la pluspart des gens du monde sont aujourd'hui, que ce peché est moralement indifferent, et que c'est un point où la Religion contrarie directement la Raison naturelle. Or [121] pouvoit-on combattre cette opinion perverse plus fortement qu'en découvrant la turpitude naturelle de ces bas attachemens, et faisant voir par les seules lumieres de la Nature, comme dans cette Comedie, que non seulement cette passion est criminelle, injuste et déraisonnable, mais même qu'elle l'est extremement, puisque c'est jusques à en paroitre ridicule?[299] Voila, Monsieur, quels sont les dangereux effets qu'il y avoit juste sujet d'apprehender que la representation de l'Imposteur ne produisît. Je n'en dirai pas davantage, la chose parle d'ellemême.[300]

Je rens apparemment un tres mauvais service à Moliere par cette reflexion, quoique ce ne soit pas mon dessein; parceque je lui fais des ennemis d'autant de [122] galans qu'il y en a dans Paris, qui ne sont pas peutêtre les personnes les moins éclairées ni les moins puissantes; mais qu'il ne s'en prenne qu'à lui-même. Cela ne lui arriveroit pas, si, suivant les pas des premiers Comiques et des modernes qui l'ont precedé, il exerçoit sur son theatre une censure impudente, indiscrete et mal reglée, sans aucun soin des moeurs, au lieu de negliger, comme il a fait en faveur de la Vertu et de la Verité, toutes les loix de la coutume et de l'usage du beau monde, et d'attaquer ses plus cheres maximes et ses franchises les plus privilegiées jusques dans leurs derniers retranchemens.[301]

Voila, Monsieur, ce que vous avez souhaité de moi: gardez-vous bien de croire pour tout ce que je viens de dire que je m'inte-[123]resse en aucune maniere dans l'histoire que je vous ai contée, et de prendre pour l'effet de quelque opinion premeditée l'effort que j'ai fait pour vous plaire: je parle sur les suppositions que je forge, et seulement pour me donner matiere de vous entretenir plus lontems, comme je sai que vous le voulez. A cela prés, peu m'importe qui que ce soit qui ait raison: car quoique cette affaire me paroisse peutêtre assez de consequence, j'en voi tant d'autres de cette sorte aujourd'hui qui sont ou traitées de bagatelles, ou reglées par des principes tout autres qu'il faudroit, que, n'étant pas assez fort pour resister aux mauvais exemples du siecle, je m'accoutume insensiblement, Dieu merci, à rire de tout comme les autres, et à ne regarder toutes les [124] choses qui se passent dans le monde[302] que comme les diverses scenes de la grande Comedie qui se joüe sur la terre entre les hommes.[303] Je suis,

MONSIEUR,

                Vôtre, etc.

Le 20 Aoust 1667

NOTES TO *LETTRE SUR LA COMEDIE DE L'IMPOSTEUR*

1   The word was evocative in seventeenth-century thought. Free-thinkers kept alive research for the legend of the *Tractatus de tribus impostoribus*, directed against the founders of the three great religions, Moses, Mahomet, and Jesus. See J.S. Spink, *French Free-Thought from Gassendi to Voltaire*, (London, 1960), pp.240–1, G. Couton, ed. cit., I, p.1326, n.2. In *Du culte divin*, Le Vayer warns against impostors whose appearances duplicate those of true religion: 'Combien de faux Messies avant et depuis le veritable! Les fausses Réligions établies par des Imposteurs se maintiennent en mettant toûjours Dieu de leur côté par les mêmes choses apparemment dont il favorise la sienne, qui seule mérite ce nom', *Oeuvres*, VII, (1re partie), 13e vol., p.124–5. That the word carried more overtones than the current meaning of 'trompeur' is attested by Furetière's *Dictionnaire universel*, (1690), which lists 'calomniateur' as one of its senses. This is particularly important in view of Panulphe's denunciation of Orgon to Le Prince, see [pp.75–6], and Appendix I, 33.
2   It is impossible to believe that the letter is just the result of Le Vayer's recollections of a single performance. We know that Molière gave readings and private performances of his play, and no doubt Le Vayer was privy to these and discussions with its author. Regarding memory, in 1663 Tubertus Ocella (Le Vayer) scorns Xilinius' praise of it: 'la mémoire n'est pas la plus importante des facultés que nous nommons superieures, ni celle qui nous distingue bien du reste des animaux, vu qu'on se passe d'elle avantageusement', *Promenades en neuf dialogues*, (6), in op. cit., IV, (1re partie), 7e vol., p.173–4.
3   In fact Le Vayer demanded of himself and others a high degree of accuracy in quotations, as in their attribution, deeming anything less as dishonesty, see *D'un mauvais déclamateur*, op. cit., VI, (2e partie), 12e vol., p.288, *De quelques compositions*, op. cit., VII, (1re partie), 13e vol., pp.132–3.
4   Et mettre (1668).
5   He is disingenuous here, since he had known he playwright well for many years, see Appendix II.
6   Characteristic self-depreciation on the author's part, see his plea for favourable interpretation by his readers in his various treatises, Introduction, Section E.
7   Qui n'aiment que le raisonnement (1668).

8   In *Lettre de l'autheur, Dialogues faits à l'imitation des anciens*, Le Vayer opts to eschew artificial eloquence in favour of 'un parler masle et sans affectation', p.13; in *Prose chagrine*, 1661, he chooses 'la façon libre et negligée' as a vehicle for his thoughts, op. cit., III, (1re partie), 5e vol., p.381. See also his commendation of 'une certaine négligence au choix des paroles' in opposition to Vaugelas, *Des nouvelles remarques sur la langue française*, op. cit., VI, (2e partie), 12e vol., p.2.

9   A direct allusion in particular to the remarks of the Premier Président, Guillaume de Lamoignon, made to Molière after the interdiction of the play in August, 1667, see Introduction, Section A. Lamoignon and Hardouin de Péréfixe, Archbishop of Paris, are among the 'Puissances' referred to in this and the next paragraph. Le Vayer deals with the specific objection to Panulphe's use of religious language in [pp.33–38], and with the general issue of the treatment of religion in the theatre in [pp.80–92].

10 'Amant qui se donne tout entier au service d'une maîtresse. Se dit aussi de l'attache qu'on a à courtiser les Dames. Il se prend en bonne et en mauvaise part de celui qui entretient une femme ou une fille avec laquelle il a quelque commerce illicite' (Furetière).

11 'Se dit aussi du Pouvoir emprunté qu'ont les particuliers. On dit aussi qu'il ne faut pas choquer les Puissances, c'est-à-dire ceux qui ont du crédit et de l'autorité, les Ministres, les premiers Magistrats' (Furetière). They are also alluded to ironically in [pp.79–80].

12 The strong implication throughout is that such permanent universal values are to be preferred to judgements which are temporal and expedient. The former recur as leitmotifs of the letter in [p.66], [pp.81–2], [pp.89–91], [pp.97ff], [p.120], [p.122], and Le Vayer takes them particularly from the philosophers of Antiquity, see notes 236 and 254.

13 Expiation for attendance at the performance is not due to the Archbishop of Paris, but becomes the subject of ironic jest!

14 *Pour satisfaire à votre curiosité* (1668).

15 The role was played by Le Sr Béjart, brother-in-law of Molière, according to Robinet, *Lettre en vers à Madame*, 23 February 1669. Louis Béjart was 39 years old at the time, and lame. Other roles were: Damis, Hubert; Orgon, Molière; Elmire, Armande Béjart, Molière's wife; Tartuffe, Du Croisy; Cléante, La Thorillière; Valère, La Grange; Dorine, Madeleine Béjart.

16 'De ce qui est bien net, bien orné. Ce qui est convenable' (Furetière).

17 These lines do not appear in the final version, but summarize lines 7–12 of that play. Quotations from *Le Tartuffe* (1669) will be given as appropriate, indicating the character who speaks them, followed by the

play's date, and are from the first volume of the edition of the plays by G. Couton, 2 vols, (Paris, 1971). Passages quoted by the *Lettre* from the 1667 play are prose quotations rather than paraphrases, notwithstanding the claim of the opening paragraph of the *Avis*.

18 Madame Pernelle (1669):
Et j'ai prédit cent fois à mon fils, votre père,
Que vous preniez tout l'air d'un méchant garnement,
Et ne lui donneriez jamais que du tourment. (I,1,ll.18–20)

19 The order in 1669 is Elmire, Dorine, Damis, Mariane, Elmire and Cléante, see Appendix I, 1.

20 Madame Pernelle (1669):
Et tout ce qu'il (Tartuffe) contrôle est fort bien contrôlé.
C'est au chemin du Ciel qu'il prétend vous conduire,
Et mon fils à l'aimer vous devrait tous induire. (I,1,ll.52–4)
Vous ne lui (à Tartuffe) voulez mal et ne le rebutez
Qu'à cause qu'il vous dit à tous vos vérités.
C'est contre le péché que son coeur se courrouce,
Et l'intérêt du Ciel est tout ce qui le pousse. (I,1,ll.75–8)

21 '*Zélé*: qui a du zèle, de la passion pour la gloire de Dieu, pour la patrie. Les dévots sont souvent inconsidérés et emportés' (Furetière). This kind of religious personage was anathema to Le Vayer and Molière, and both connect their activity with hypocrisy. For the former religion must above all be reasonable: 'Comme il y a des zéles indiscrets, il s'en trouve aussi d'hipocrites, et l'on voit assez de personnes qui n'employent la pieté que comme un fard sur le visage, dont ils se tiendroient interesséz au dedans', *De la religion*, op. cit., I, (1re partie), 1er vol., p.29. The latter in his *Préface* (1669) writes of the hypocrites '(qui) font crier en public des zélés indiscrets, qui me disent des injures pieusement, et me damnent par charité', ed. cit., I, p.884. This text is subsequently referred to in these notes as *Préface*. One of Molière's defenders accuses B.A. Sieur de Rochemont, author of *Observations sur une comédie de Molière intitulée Le Festin de Pierre* (1665), of belonging to such a zealous group: 'Il n'a pas pris garde que sa passion l'a emporté, que son zèle est devenu indiscret, et que la prudence se rencontre rarement dans les ouvrages écrits avec tant de chaleur', *Lettre sur les observations d'une comédie du sieur Molière intitulée Le Festin de Pierre*, in Couton, ed. cit., II, p.1219.

22 '*Bigot*: qui contrefait le dévot, qui prie Dieu avec bigoterie'. '*Bigoterie*: dévotion d'un bigot, qui est fausse ou superstitieuse' (Furetière).

23 In 1669 Cléante's observations on distinctions between true and false religion come in I, 5, ll. 318–45, 351–407 in his dialogue with Orgon. See Appendix I, 2.

24 '... the slave is in a sense a part of his master, a living, but as it were a separate, part of his body', *The Politics*, translated by T.A. Sinclair, (London, 1962), I, 6, pp.36–7, also I, 13, p.53: 'the slave shares his master's life'. Cf. the proverb 'tel maître, tel valet'.

25 Dorine, (1669):
   ... mais pourquoi, surtout depuis un certain temps,
   Ne saurait-il souffrir qu'aucun hante céans?
   En quoi blesse le Ciel une visite honnête,
   Pour en faire un vacarme à nous rompre la tête? (I,1,ll.79–82)

26 Dorine, (1669):
   Je crois que de Madame il est, ma foi, jaloux. (l.84)

27 For Le Vayer, love is the most powerful of the passions: 'l'amour donne la loi à toutes les autres Passions ... elle leur est comme un premier Mobile, qui les porte où elle veut ... cette passion amoureuse étouffe toutes les autres, et demeure seule puissante dans nos âmes quand il lui plaît', *La Morale du Prince*, op. cit., II, (1re partie), 3e vol., p.249: 'c'est une rage qui jette de bien plus profondes racines dans les esprits qu'elle infecte de son venin', *Promenades en neuf dialogues*, (4), op. cit., pp.124–5.

28 Madame Pernelle (1669):
   On sait qu'Orante mène une vie exemplaire:
   Tous ses soins vont au Ciel; et j'ai su par des gens
   Qu'elle condamne fort le train qui vient céans. (I,1,ll.118–20)

29 Dorine, (1669):
   L'exemple est admirable, et cette dame est bonne!
   Il est vrai qu'elle vit en austère personne;
   Mais l'âge dans son âme a mis ce zèle ardent,
   Et l'on sait qu'elle est prude à son corps défendant. (I,1,ll.121–4)
   Of *prude*, Furetière writes: 'Qui est sage et modeste. Cette dame est fort prude, elle est fort chaste. Les prudes sont souvent hargneuses et de mauvaise humeur'.

30 In 1669 this speech is delivered not by Cléante but by Dorine, I,1,ll.125–40, see Appendix I, 3.

31 'Humeur jaune et âcre qui est dans le corps des animaux. Bile jaune, bile noire. Les bilieux sont sujets à la colère' (Furetière). Cf. Boileau's description in Satire X of a similiar figure:
   ... cette bilieuse
   Qui, follement outrée en sa sévérité,
   Baptisant son chagrin du nom de piété,
   Dans sa charité fausse où l'amour-propre abonde,
   Croit que c'est aimer Dieu que haïr tout le monde. ed. cit., p.85.

32 'Des exemples qu'il cite pour montrer ce que c'est que la véritable vertu.'
33 '*Bien*: pureté de moeurs; vertu, honnêteté' (Furetière). He quotes a phrase from Balzac as an example: 'Un homme de bien est celui qui n'est ni un saint ni un dévot; et qui s'est borné à n'avoir que de la vertu'.
34 'On dit par injure et exagération 'fieffé coquin'de qui font profession d'être malhonnêtes gens' (Furetière).
35 'Mais est pris dans son sens étymologique de magis (plus). N'en pouvoir mais signifie: ne rien pouvoir là-contre; ne pas pouvoir s'en empêcher', H.J.G. Godin, *Les Ressources stylistiques du français contemporain*, (Oxford, 1948), p.98.
36 Cléante, (1669):
       Je n'y veux point aller,
  De peur qu'elle ne vînt encore me quereller,
  Que cette bonne femme ... (I,2,ll.171–3)
  'On appelle un vieillard un bonhomme, une vieille femme, une bonne femme' (Furetière).
37 Dorine, (1669):
       Ah! certes, c'est dommage
  Qu'elle ne vous ouït tenir un tel langage:
  Elle vous dirait bien qu'elle vous trouve bon,
  Et qu'elle n'est point d'âge à lui donner ce nom (I,2,ll.173–6).
38 This discussion has been omitted in 1669, with only Damis alluding briefly to his suspicion that Tartuffe is opposed to the marriage, and the need for Cléante to discuss the matter with Orgon, I,3,ll.217–20. See Appendix I, 4.
39 '*Coiffer*: s'entêter, se préoccuper en faveur de quelque chose. Ce vieillard s'est coiffé de sa servante, il en est devenu fort amoureux' (Furetière). Cf. Cléante, 1669, of Mme Pernelle, I,2, ll.178: Et que de son Tartuffe elle paraît coiffée!
40 Cf. Guy Patin's letter of 28 September, 1660 about 'certaines gens, qui faisaient des assemblées clandestines sous le nom de congregations du Saint-Sacrement. Ces Messieurs se mêlaient de diverses affaires, et ne faisaient jamais leurs assemblées en un même endroit, ils mettaient le nez dans le gouvernement des grandes maisons, ils avertissaient les maris de quelques débauches de leurs femmes: un mari s'est fâché de cet avis, s'en est plaint, et les a poussés à bout après avoir découvert la cabale', *Lettres*, (Paris, 1692), II, p.490. Patin moved in the same group of humanist and rationalist thinkers as Le Vayer, Naudé, and Gassendi, see R. Pintard, *Le Libertinage érudit*, pp.311–25.

41   This discussion was omitted in 1669. In 1667 the family discussion seems to have formed I,2, with Dorine and Cléante in I,3. This order was reversed in 1669, with the family discussion reduced to a brief mention of the marriage of Mariane and Valère. See Appendix I, 5.

42   Dorine, (1669):
A table, au plus haut bout il (Orgon) veut qu'il soit assis;
Avec joie il l'y voit manger autant que six;
Les bons morceaux de tout, il fait qu'on les lui cède;   (I,2,ll.191-3)

43   Orgon's arrival does not interrupt Dorine in 1669. The liaison of scenes is effected smoothly as she announces: 'Il [Orgon] entre' (I,3,l.223).

44   Orgon-Dorine (1669):
Tout s'est-il, ces deux jours, passé de bonne sorte?
Qu'est-ce qu'on fait céans? comme est-ce qu'on s'y porte?
Dorine: Madame eut avant-hier la fièvre jusqu'au soir,
Avec un mal de tête étrange à concevoir.
Orgon: Et Tartuffe?
Dorine: Tartuffe? Il se porte à merveille ...
Gros et gras, le teint frais, et la bouche vermeille.
Orgon: Le pauvre homme!   (I,4,ll.229-33,l.234)

45   In 1669 the scene comprises in all four sequences of Orgon's question 'Et Tartuffe?', Dorine's reply and his rejoinder 'Le pauvre homme!' as in 1667.

46   Dorine, (1669):
Le soir, elle eut un grand dégoût,
Et ne put au souper toucher à rien du tout ...   (I,4,ll.234-5)
Orgon: Et Tartuffe?
Dorine: Il soupa, lui tout seul, devant elle,
Et fort dévotement il mangea deux perdrix,
Avec une moitié de gigot en hachis.   (I,4,ll.237-9)
Dorine: La nuit se passa tout entière
Sans qu'elle pût fermer un moment la paupière;   (I,4,ll.240-1)
Pressé d'un sommeil agréable,
Il passa dans sa chambre au sortir de la table,
Et dans son lit bien chaud il se mit tout soudain,
Où sans trouble il dormit jusques au lendemain.   (I,4,ll.245-8)
Il reprit courage comme il faut,
Et contre tous les maux fortifiant son âme,
Pour réparer le sang qu'avait perdu Madame,
But à son déjeuner quatre grands coups de vin.   (I,4,ll.252-5)

47   Cf. Boileau's portrait of a *directeur* and Dorine's description of Tartuffe, especially lines 233-4: 'Qu'il paroît bien nourri! Quel vermillon! Quel teint!' *Satire* X, ed. cit., p.83.
Pascal's 'bon père' quotes Escobar's permission to indulge his appetite for food

and drink: *'Est-il permis de boire et de manger tout son soûl, sans nécessité, et pour la seule volupté? Oui certainement selon notre Père Sanchez, pourvu que cela ne nuise point à la santé parce qu'il est permis à l'appétit naturel de jouir des actions qui lui sont propres',* 9e *Provinciale,* in ed. cit., p.410.

48 This expression, which is intended to confirm a statement, conveys the opposite impression, according to Vaugelas, who wished to ban it, *Remarques sur la langue française,* (Paris, 1670), pp.445–6. Littré gives its meaning as 'n'en doutons pas', 'Voyons': 'Cette locution n'est plus du tout usitée et ne peut pas renaître. Elle avait pris un sens fort éloigné de la signification simple de ces mots ... quand on la lit, on a beaucoup de peine à la comprendre'.

49 'Faux dévot et hypocrite, qui affecte de montrer des apparences de dévotion pour tromper, et pour parvenir à ses fins' (Furetière).

50 Orgon (1669):
    Ha! si vous aviez vu comme j'en fis rencontre,
    Vous auriez pris pour lui l'amitié que je montre. (I,5,ll.281–2)

51 Des biens éternels (1668). In 1669, these lines are spoken by Orgon to Dorine and Mariane, II,2,ll.489–90. See Appendix I, 6.

52 A subject Le Vayer returns to frequently, see his condemnation of greedy bigots, in *De la dévotion*: 'Quelle honte de mettre le Paradis à prix d'argent ... Aujourd'hui nous voulons avec impieté que Dieu prenne part dans tous nos intérêts; nous serions bien fâchés d'avoir laissé à la porte de l'Eglise la moindre de nos convoitises et sous une feinte dévotion nôtre hypocrisie est telle, que nous couvrons, comme le Cygne, nôtre noirceur de la blancheur de nos plumes', op. cit., VI, (1re partie), 11e vol., pp.231–2; in *Prose chagrine* he wittily satirizes ecclesiastics who have more respect for 'une somme de pistoles que de toute celle de St Thomas', op. cit., III, (1re partie), 5e vol., p.265.

53 Orgon (1669):
    Chaque jour à l'église il venait, d'un air doux,
    Tout vis-à-vis de moi se mettre à deux genoux.
    Il attirait les yeux de l'assemblée entière
    Par l'ardeur dont au Ciel il poussait sa prière;
    Il faisait des soupirs, de grands élancements,
    Et baisait humblement la terre à tous moments. (I,5,ll.283–8)

54 Orgon (1669):
    C'est trop, me disait-il, c'est trop de la moitié; (I,5,l.295).

55 Orgon (1669):
    Et quand je refusais de le vouloir reprendre,
    Aux pauvres, à mes yeux, il allait le répandre. (I,5,ll.297–8)
    The strategic distribution of alms was practised by the Compagnie du Saint-Sacrement, see R. Allier, *La Cabale des dévots,* (Paris, 1902), p.19.

56 The reaction of Cléante (1669) is one of incredulity:
   Parbleu! vous êtes fou, mon frère, que je crois.
   Avec de tels discours vous moquez-vous de moi?
   Et que prétendez-vous que tout ce badinage? ... (I,5,ll.311–13)
57 The second time that Cléante would have differentiated true from false piety in 1667, see Appendix I, 3. This corresponds to the character's speeches in 1669 in ll. 318ff, 351ff.
58 Cf. Orgon (1669):
   C'est un homme ... qui, ... ha! un homme ... un homme enfin. (I,5, 1.272)
59 A reference to the freedom of expression of the 'Old' Attic Comedy of which Aristophanes' plays (c.450 B.C.) are the only extant examples, and which was replaced in the fourth century B.C. by the 'New' style of Greek comedy, whose greatest poet was Menander (342 B.C.).
60 'Qui a une trop grande attache à une opinion dont on se préoccupe, à une passion dont on est saisi' (Furetière). 'La merveilleuse admiration que notre entêté a pour son bigot'.
61 Stubborn attachment to opinion in the face of contrary evidence is a *bête noire* of the author's, which he uses every opportunity to undermine with a battery of sceptical tropes to point up the irreducible diversity of custom, so rendering attachment to fixed opinions untenable and absurd, see *Dialogue sur l'opiniastrete*, *Cinq dialogues faits à l'imitation des anciens*, pp.353–86; *Sur les disputes opiniâtres*, op. cit.,III, (2ᵉ partie), 6ᵉ vol., pp.5–14; *Prose chagrine*, III, (1ʳᵉ partie), 5ᵉ vol., pp.318ff.
62 De peur de s'engager à quelque chose, qui colorent ... (1668).
63 Cléante (1669):
   Mais parlons tout de bon.
   Valère a votre foi: la tiendrez-vous, ou non? (I,5,ll.423–4)
   When Orgon affirms that he wishes to do what heaven wishes (1.423), he involves himself in the kind of casuistry satirized by Pascal in the *9e Provinciale*, as his Jesuit explains how to circumvent difficult points in conversation:
   'Une chose des plus embarrassantes qui s'y trouve est d'éviter le mensonge, et surtout quand on voudrait bien faire accroire une chose fausse. C'est à quoi sert admirablement notre doctrine des équivoques, par laquelle *il est permis d'user de termes ambigus, en les faisant entendre en un autre sens qu'on ne les entend soi-même* ...', ed. cit., p.411.
64 Orgon (1669):
   J'ai, Mariane, en vous
   Reconnu de tout temps un esprit assez doux,
   Et de tout temps aussi vous m'avez été chère.

Mariane: Je suis fort redevable à cet amour de père.
Orgon: C'est fort bien dit, ma fille; et pour le mériter,
  Vous devez n'avoir soin que de me contenter. (II,1,ll.431–6)
65 De fort bonne grâce. Cf. the opening sentence of Molière's dedication of *La Critique de l'Ecole des femmes* to the Queen Mother.
66 Orgon (1669):
  Fort bien. Que dites-vous de Tartuffe notre hôte? (II,1,l.438)
67 Mariane (1669):
  Hélas! j'en dirai, moi, tout ce que vous voudrez. (II,1,l.440)
68 Orgon (1669):
  Dites-moi donc, ma fille,
  Qu'en toute sa personne un haut mérite brille,
  Qu'il touche votre coeur, et qu'il vous serait doux
  De le voir par mon choix devenir votre époux. (II,1,ll.441–4)
69 The same point about Orgon's self-delusion regarding his own 'reasonableness' is made on [p.51]. For Le Vayer this originates in self-love or 'philautie', the prime enemy of sound judgement, see *Dialogue sur l'opiniastrete*, op. cit., pp.364–5; *Petit traité sceptique*: 'cet Amour de nousmêmes est si puissant que nous ne considérons nos pensées que comme une partie de nôtre être, sans les examiner davantage; comme une folle mère qui ne trouve rien de si beau que son enfant, quelques défauts qu'il ait, parce qu'il est le sien', op. cit., V, (2e partie), 10e vol., p.136.
70 See II,1,ll.441–4, note 68.
71 See stage-direction at II,1,l.445 (1669): *Mariane se recule avec surprise.*
  Mariane: Eh?
72 Mariane (1669):
  Il n'en est rien, mon père, je vous jure. (II,1,l.449)
73 In 1669 Dorine's entrance is in II,2.
74 In II,3 (1669).
75 Dorine (1669):
  Et que si son Tartuffe est pour lui si charmant,
  Il le peut épouser sans nul empêchement. (II,3,ll.595–6)
76 In 1667, this speech preceded the entrance of Valère, which is much later in 1669, in II,4. See Appendix I, 7.
77 Valère (1669):
  On vient de débiter, Madame, une nouvelle
  Que je ne savais pas, et qui sans doute est belle. (II,4,ll.685–6)
78 Valère (1669):
  Et quel est le dessein où votre âme s'arrête,
  Madame? (II,4,ll.693–4)

79 Mariane (1669):
      Que me conseillez-vous? (II,4,l.695)
80 Valère (1669):
      Je vous conseille, moi, de prendre cet époux. (II,4,l.696)
81 Mariane (1669):
      Hé bien! c'est un conseil, Monsieur, que je reçois. (II,4, l.699)
82 The diversity of reaction to the same phenomena fascinates Le Vayer, who uses it to demonstrate the unreliability of judgement. Cf. the following sentence from *Prose chagrine*, p.242: 'La diversité des esprits, que donne le tempérament, fait que les uns trouvent leur joie dans ce qui cause l'affliction à d'autres; de sorte qu'il n'y a pas moins de différentes sortes d'ennuis et de plaisirs qu'il y a de diverses sortes d'inclinations et de raisonnements'.
83 A recurrent theme in Le Vayer's writings, see Introduction, Section E.
84 Dans ce temps-là (1668).
85 Cf. *De l'ingratitude*, op. cit., III, (1re partie), 5e vol.: 'Certes l'homme est un animal merveilleusement enclin à l'ingratitude, puisque les mêmes choses qui l'obligent le plus à la reconnaissance opèrent si diversement sur son esprit, et font des effets si contraires'. Ingratitude is 'un vice si détestable de tout le monde', 'la plus honteuse de toutes les taches qui la (l'âme) peuvent souiller', p.49, pp.77–8, p.79.
86 Other *dépit* scenes are to be found in *Dépit amoureux*, (IV,3), *Le Bourgeois gentilhomme*, III, 8–10. On the theme in Molière's plays, see the edition of *Dépit amoureux* by Noël Peacock, (Durham, 1989), pp.26–8. H.G. Hall, 'Comedy and Romance in the *dépits amoureux*', *Comedy in Context*, (Jackson, 1984), pp.3–18.
87 'Parfaitement, extraordinairement. Cet orateur parle divinement' (Furetière). See also [p.54].
88 This scene was omitted in 1669, with the reconciliation of Valère and Mariane ending Act II. See Appendix I, 8.
89 Corneille thought it necessary to leave the spectator in a state of agreable 'suspension' at the end of each act: '... il est nécessaire que chaque acte laisse une attente de quelque chose qui se doive faire dans celui qui le suit'. D'Aubignac agrees in his *Pratique du théâtre*, see P. Corneille, *Writings on the Theatre*, ed. cit., p.63, p.235, note 10.
90 As in 1669, III,2,l.853, where the servant's name is spelled Laurent. Furetière gives the following descriptions of Panulphe's aids to devotion: '*Haire*: petit vêtement tissu de crin en forme de corps de chemise, qui est rude et piquant, que les Religieux austères, ou les dévots mettent sur leur chair pour se mortifier et faire pénitence'; *discipline*: 'instrument avec lequel on châtie, ou avec lequel on se mortifie, qui ordinairement est fait de cordes nouées, de parchemin tortillé'.

91 Tartuffe (1669):
   Si l'on vient pour me voir, je vais aux prisonniers
   Des aumônes que j'ai partager les deniers. (III,2,ll.855–6).
   The Compagnie du Saint-Sacrement took a close interest in the distribution of alms to convicts, see R. Allier, op. cit., ch.4, 'Oeuvres de bienfaisance', pp.50–76.

92 See Molière's reason for the delay in Tartuffe's entrance: '... j'ai mis tout l'art et tous les soins qu'il m'a été possible pour bien distinguer le personnage de l'hypocrite d'avec celui du vrai dévot. J'ai employé pour cela deux actes entiers à préparer la venue de mon scélérat', *Préface*, ed. cit., I, p.884.

93 Tartuffe (1669):
   Couvrez ce sein que je ne saurais voir:
   Par de pareils objets les âmes sont blessées,
   Et cela fait venir de coupables pensées. (III,2,ll.860-2)
   Strenuous efforts were made by the Compagnie du Saint-Sacrement and others to discourage 'grands décolletés', see H.P. Salomon, *Tartuffe devant l'opinion française*, (Paris, 1962), pp.18ff.

94 In 1669 'cela sied bien mal avec tant de devotion' was omitted from her speech:
   Vous êtes donc bien tendre à la tentation,
   Et la chair sur vos sens fait grande impression?
   Certes je ne sais pas quelle chaleur vous monte:
   Mais à convoiter, moi, je ne suis point si prompte,
   Et je vous verrais nu du haut jusques en bas,
   Que toute votre peau ne me tenterait pas. (III,2,ll.863–8)

95 In *Promenades en neuf dialogues*, (4), Le Vayer writes of 'le pouvoir despotique et presque incompréhensible de l'Amour', resistance to which involves one in an impossible gigantomachy, op. cit., pp.121,123; see also *Du mariage* in *Cinq dialogues*: 'beaucoup ... ont estimé que le premier souspir de l'amour estoit souvent le dernier de la sagesse; ... on peut bien dire en général de cette passion, que ... c'est la plus grande ennemie de toutes celles qui contestent avec nostre raison...', ed. cit., p.474; also *Sur les mariages*, op. cit., III, (2e partie), 6e vol., pp.24ff.

96 Tartuffe (1669):
   Et vous faire serment que les bruits que j'ai faits
   Des visites qu'ici reçoivent vos attraits
   Ne sont pas envers vous l'effet d'aucune haine,
   Mais plutôt d'un transport de zèle qui m'entraîne ...
   (III,3,ll.907–10)

97 Elmire (1669):

> Je le prends bien aussi,
> Et crois que mon salut vous donne ce souci.
>
> (III,3,ll.911-12)

98 In 1669 Tartuffe does not speak these words; he says instead

> Qui, Madame, sans doute, et ma ferveur est telle ...
>
> (III,3,l.913)

99 Chapter 14 in *La Dévotion aisée* by Pierre Le Moyne, (Paris, 1652), is entitled 'Qu'il y a une galanterie de pur esprit'.

100 The essence of Tartuffe's argument in 1669, that love of God is enhanced by love of the creature (ll.933ff) is central to *L'Escalier spirituel portant l'âme à Dieu par les marches des créatures*, 1655, originally written in Latin by Cardinal Bellarmin in 1615.

101 This is the central objection by Bourdaloue to the play:

> ... car comme la fausse dévotion tient en beaucoup de choses de la vraie, comme la fausse et la vraie ont je ne sais combien d'actions qui leur sont communes; comme les dehors de l'une et de l'autre sont presque tout semblables, il est non-seulement aisé, mais d'une suite presque nécessaire, que la même raillerie qui attaque l'une intéresse l'autre, et que les traits dont on peint celle-ci défigurent celle-là, à moins qu'on n'y apporte toutes les précautions d'une charité prudente, exacte et bien intentionnée; ce que le libertinage n'est pas en disposition de faire, *Sermon pour le septième dimanche après la Pentecôte*, in *Oeuvres*, (Paris, 1864), II, p.235. In *Rapports de l'histoire profane à la sainte* Le Vayer writes that 'ce qu'on remarque dans la fausse religion de fort semblable à la bonne est ce qui la rend plus rejettable et plus criminelle', op. cit., VI, (2ᵉ partie), 12ᵉ vol., p.399.

102 Molière addresses the same question in his *Préface*:

> On me reproche d'avoir mis des termes de piété dans la bouche de mon Imposteur. Et pouvais-je m'en empêcher, pour bien représenter le caractère d'un hypocrite? Il suffit, ce me semble, que je fasse connaître les motifs criminels qui lui font dire les choses, et que j'en aie retranché les termes consacrés, dont on aurait eu peine à lui entendre faire un mauvais usage, ed. cit., I, p.885.

D'Aubignac had already made his position clear:

> Parmi nous, quand les acteurs agiront ou parleront contre les sentiments qu'un homme pieux doit avoir, il n'y a point de supplice contre les acteurs impies, qui soit capable de réparer les mauvaises impressions qu'ils auront faites dans l'esprit des spectateurs, *La Pratique du théâtre*, ed. P. Martino, (Paris, 1927), p.331.

He believed that actors and theatre were inappropriate means to mediate religious truth, op. cit., p.338. See H. Phillips, *The Theatre and its Critics in Seventeenth-Century France*, pp.232–4.

103 In *La Critique de l'Ecole des femmes* (Sc.6) the pedant Lysidas commits this error and Dorante vainly attempts to explain the dramatic principle of characterisation appropriate to the role:

> Pour ce qui est des enfants par l'oreille, ils ne sont plaisants que par réflexion à Arnolphe; et l'auteur n'a pas mis cela pour être de soi un bon mot, mais seulement pour une chose qui caractérise l'homme, et peint d'autant mieux son extravagance, puisqu'il rapporte une sottise triviale qu'a dite Agnès comme la chose la plus belle du monde, et qui lui donne une joie inconcevable.

104 Aristotle, *Poetics*, Ch.VI: 'A tragedy ... is the imitation of an action ... with incidents arousing pity and fear, wherewith to accomplish its catharsis of such emotions', in *Aristotle on the Art of Poetry*, tr. I. Bywater, (Oxford, 1962), p.35. Corneille interprets the means of catharsis flexibly, introducing admiration instead, (*Discours de la tragédie*, ed. cit., p.14, pp.28ff, see H. Phillips, op. cit., pp.67ff), whereas Racine introduces the notion of moderating the passions of pity and fear, *Principes de la tragédie*, ed. E. Vinaver, (Manchester-Paris, 1959), pp.11–12.

105 'Les plus beaux traits d'une sérieuse morale sont moins puissants, le plus souvent, que ceux de la satire; et rien ne reprend mieux la plupart des hommes que la peinture de leurs défauts', *Préface*, ed. cit., I, p.885.

106 'Risible, objet de risée, qui fait rire' (Furetière).

107 Aristotle, *Ethics*, (London, 1953), IV, 8, pp.134–6, where he discusses the limits and the propriety of ridicule; he deals with its functions as a tool of rhetoric and debate in *The Rhetoric of Aristotle*, translated with commentary by E.M. Cope, (Cambridge, 1877), I, 11, p.29, p.224; III, 18, 7, pp.215–16; Horace discusses the moral concern for social abuses out of which satire springs, in *Satires*, I,4,I,10,II,1, in *Complete Works*, (London, 1911), pp.160–4, 177–80, 181–3; see also Cicero, *De Oratore*, translated by E.W. Sutton, (London, Cambridge, Mass.), pp.373ff, in which the object of the laughable is located in the ugly and unseemly, and the limits and categories of wit are described. Quintilian, *Institutio Oratoria*, translated by H.E. Butler, (London-Cambridge, Mass.), II, book VI, 3, pp.22ff, 110ff, 37ff.

108 'Et peut-on craindre que des choses si généralement détestées fassent quelque impression dans les esprits; que je les rende dangereuses en les faisant monter sur le théâtre; qu'elles reçoivent quelque autorité de la bouche d'un scélérat? Il n'y a nulle apparence à cela; et l'on doit

approuver la comédie du *Tartuffe*, ou condamner généralement toutes les comédies', *Préface*, ed. cit., I, p.885.
109 'Qualité de ce qui est contre l'honneur, la pudeur, la justice, la générosité' (Furetière). A term readily applied to plays judged immoral, borrowed by Corneille and D'Aubignac from St. Augustine (*De Consensu Evangelistarum*), to describe 'spectacles de turpitude', see dedication of *Théodore* (1646), and *La Pratique du théatre*, ch.1. In his *Préface*, Molière writes that the Church has rightly condemned 'des spectacles de turpitude', vastly different from his own play, ed. cit., I, p.886. Le Vayer uses the term again in [p.121].
110 '*Prévenir*: préoccuper l'esprit, lui donner les premières impressions' (Furetière). 'On aura toujours un préjugé favorable pour'. The reluctance first of Orgon and then of his mother to be disabused about Panulphe illustrates the point perfectly.
111 It is useful to remember that this was the original reason given for the interdiction of the play in May, 1664:

... Le Roi connut tant de conformité entre ceux qu'une véritable dévotion met dans le chemin du Ciel et ceux qu'une vaine ostentation des bonnes oeuvres n'empêche pas d'en commettre de mauvaises, que son extrême délicatesse pour les choses de la religion ne put souffrir cette ressemblance du vice avec la vertu, qui pouvaient être prises (*sic*) l'une pour l'autre ... , *Relation, Les Plaisirs de l'Ile enchantée* (1664), in *Molière recueil*, I, p.215.

112 The external distinguishable marks of *vice* and *vertu* provide the cornerstone of the later argument relating to the moral effect of the play, see [pp.97ff]. Implicit in this discussion of the use of religious language in the play is the author's confidence in Molière's handling of the theme (see [pp.80ff]) as well as in the spectator's ability to distinguish true from hypocritical piety. Corneille states that evil, accurately depicted, will be hated by the spectator, who should be left to draw his own conclusions, *Discours sur le poème dramatique*, ed. cit., I, pp.5–6; critics such as Rapin, D'Aubignac, La Mesnardière and Chapelain on the other hand wish the poet to portray exemplary reality, see the latter's comment that 'Les mauvais exemples sont dangereux, même sur le théâtre', *Les Sentiments de l'Académie française sur la tragi-comédie du Cid*, (Paris, 1912), p.26. See also chapter I of H. Phillips, op. cit., on drama and moral instruction.
113 Elmire (1669):
Ouf! vous me serrez trop. (III,3,l.914)
114 Same words spoken by Tartuffe (1669), (III,3,l.914)

115 Elmire (1669):
    Que fait là votre main? (III,3,l.916)
116 Tartuffe (1669):
    Je tâte votre habit: l'étoffe en est moelleuse. (III,3,l.917)
117 Tartuffe (1669):
    Mon Dieu! que de ce point l'ouvrage est merveilleux! (III,3,l.919)
118 Elmire (1669):
    La déclaration est tout à fait galante,
    Mais elle est, à vrai dire, un peu bien surprenante.
    Vous deviez, ce me semble, armer mieux votre sein,
    Et raisonner un peu sur un pareil dessein.
    Un dévot comme vous, et que partout on nomme ...
    (III,3,ll.961–5)
119 Tartuffe (1669):
    Ah! pour être dévot, je n'en suis pas moins homme (III,3,l.966).
It is likely that his arguments here were more extensive than in 1669, see Appendix I, 9.
120 Tartuffe (1669):
    Le soin que nous prenons de notre renommée
    Répond de toute chose à la personne aimée,
    Et c'est en nous qu'on trouve, acceptant notre coeur,
    De l'amour sans scandale et du plaisir sans peur. (III,3,ll.997–1000)
121 Tartuffe (1669):
    Et considérez, en regardant votre air,
    Que l'on n'est pas aveugle, et qu'un homme est de chair.
    (III,3,ll.1011–12)
122 This phrase, and Damis' subsequent intervention in the following scene, have been used to imply that Elmire's conduct is morally ambiguous. The view is untenable, in the light of Le Vayer's high commendation of her conduct in the letter, see Introduction, Section B.
123 Damis (1669):
    Non, Madame, non: ceci doit se répandre.
    J'étais en cet endroit, d'où j'ai pu tout entendre; (III,4,ll.1021–2)
124 This has been omitted in 1669, see Appendix I, 10.
125 Tartuffe (1669):
    Oui, mon frère, je suis un méchant, un coupable,
    Un malheureux pécheur, tout plein d'iniquité,
    Le plus grand scélérat qui jamais ait été;
    Chaque instant de ma vie est chargé de souillures;
    Elle n'est qu'un amas de crimes et d'ordures;

> Et je vois que le Ciel, pour ma punition,
> Me veut mortifier en cette occasion.
> De quelque grand forfait qu'on me puisse reprendre,
> Je n'ai garde d'avoir l'orgueil de m'en défendre.
> Croyez ce qu'on vous dit, armez votre courroux,
> Et comme un criminel chassez-moi de chez vous:
> Je ne saurais avoir tant de honte en partage,
> Que je n'en aie encore mérité davantage. (III,6,ll.1074–86)

As the *Lettre* points out here, the hypocrite's confession is unspecific. It avoids confession of adultery, the thought of which is tantamount to the deed in Christ's teaching: 'Quiconque regarde une femme pour la désirer a déjà commis, dans son coeur, l'adultère avec elle'. *Saint Matthieu* V.28 (*La Bible de Jérusalem*, from which all quotations are taken). It illustrates the advice quoted by Pascal's Jésuit from Escobar about confession: '*C'est*, dit-il, *de faire une confession générale et de confondre ce dernier péché avec les autres dont on s'accuse en gros*', *Xe Provinciale*, ed. cit., p.414. On the hypocrite's use of language here, see R. McBride, *The Sceptical Vision of Molière*, pp.39ff; the key to the interpretation of verbal truth spoken mendaciously lies in the speaker's intention, as Le Vayer points out in *Du Mensonge*, op. cit., III, (1re partie), 5e vol., pp.157–8.

126 This disappears in 1669, and is replaced by a graduated series of insults, see Appendix I, 11.

127 Tartuffe (1669) *s'adressant à Damis*

> Oui, mon cher fils, parlez; traitez-moi de perfide,
> D'infâme, de perdu, de voleur, d'homicide;
> Accablez-moi de noms encore plus détestés;
> Je n'y contredis point, je les ai mérités;
> Et j'en veux à genoux souffrir l'ignominie,
> Comme une honte due aux crimes de ma vie. (III,6,ll.1101–6)

128 As the letter shows, in 1667 Orgon would have thrown himself on his knees to lift the prostrate hypocrite, not at l.1116 as in the 1669 version, as indicated by the 1734 edition of the play by M.-A. Jolly, but at l.1109, where he says to Tartuffe: 'Mon frère, eh! levez-vous, de grâce!' See Appendix I, 12.

129 Orgon (1669):

> Allons, qu'on se rétracte, et qu'à l'instant, fripon,
> On se jette à ses pieds pour demander pardon. (III,6,ll.1131–2)

130 Furetière gives the example 'Je vous quitte la place, le haut du pavé'. Therefore, 'se retirer pour le laisser seul'(Littré). Cf. *Le Tartuffe*, ll.762,1138.

131 Orgon (1669):
>   Je te prive, pendard, de ma succession,
>   Et te donne de plus ma malédiction. (III,6,ll.1139-40)
>
>   Cf. L'Avare, IV,5:
>   Harpagon: Et je te donne ma malédiction.
>   Cléante: Je n'ai que faire de vos dons.

132 There is no mention of the first line spoken by Panulphe to Orgon after Damis' exit, which according to tradition was 'O Ciel, pardonne-lui comme je lui pardonne'. In 1669 Tartuffe says 'O Ciel, pardonne-lui la douleur qu'il me donne!' (III,7,l.1142) See Appendix I, 13.

133 In 1669 Orgon rejects his family as well as his son:
>   Ce n'est pas tout encor: pour les mieux braver tous,
>   Je ne veux point avoir d'autre héritier que vous,
>   Et je vais de ce pas, en fort bonne manière,
>   Vous faire de mon bien donation entière.
>   Un bon et franc ami, que pour gendre je prends,
>   M'est bien plus cher que fils, que femme, et que parents.
>   (III,7,ll.1175-80)

134 Orgon (1669):
>   N'accepterez-vous pas ce que je vous propose? (III,7,l.1181)

135 Tartuffe (1669):
>   La volonté du Ciel soit faite en toute chose. (III,7,l.1182)

A parody of Christ's words, spoken at the Mount of Olives prior to his arrest, in *Saint Luc* XXII.42: 'Père, si tu veux, éloigne de moi cette coupe! Cependant, que ce ne soit pas ma volonté, mais la tienne qui se fasse!'

136 Tartuffe (1669):
>   Je fuirai votre épouse, et vous ne me verrez ...
>   To which Orgon replies:
>   Non, en dépit de tous, vous la fréquenterez.
>   Faire enrager le monde est ma plus grande joie,
>   Et je veux qu'à toute heure avec elle on vous voie. (III,7,ll.1171-4)

137 Cléante (1669):
>   N'est-il pas d'un chrétien de pardonner l'offense,
>   Et d'éteindre en son coeur tout désir de vengeance? (IV,1,ll.1193-4)

138 Panulphe's 'pardon de bon coeur' parallels the legalism of the unmerciful servant which elicits the following judgement from Christ: 'C'est ainsi que vous traitera aussi mon Père céleste, si chacun de vous ne pardonne pas à son frère du fond du coeur', *Saint Matthieu* XVIII.35.

Cf. Tartuffe (1669):
> Je lui pardonne tout, de rien je ne le blâme,
> Et voudrais le servir du meilleur de mon âme;
> Mais l'intérêt du Ciel n'y saurait consentir ... (IV,1,ll.1205–7)

As Le Vayer makes clear here and on [pp.48–9], 'heaven's' interest coincides neatly with the hypocrite's. Cf. *De la dévotion*, op. cit., VI, (1re partie), 11e vol., p.231: 'Sous le faux prétexte de servir Dieu, l'on se sert de lui, et son saint Nom n'est souvent qu'une couverture à nos plus grandes méchancetés'. On the existence of societies such as the Compagnie du Saint-Sacrement devoted to the promotion of spiritual interests, see G. Couton, ed. cit., I, pp.1336–7.

139 In 1669 Elmire is not mentioned by Tartuffe.

140 Tartuffe (1669):
> A pure politique on me l'imputerait;
> Et l'on dirait partout que, me sentant coupable,
> Je feins pour qui m'accuse un zèle charitable,
> Que mon coeur l'appréhende et veut le ménager,
> Pour le pouvoir sous main au silence engager. (IV,1,ll.1212–16)

141 Cléante (1669):
> Et vous ordonne-t-il, Monsieur, d'ouvrir l'oreille
> A ce qu'un pur caprice à son père conseille,
> Et d'accepter le don qui vous est fait d'un bien
> Où le droit vous oblige à ne prétendre rien? (IV,1,ll.1233–6)

142 Tartuffe (1669):
> Ce n'est, à dire vrai, que parce que je crains
> Que tout ce bien ne tombe en de méchantes mains,
>   (IV,1,ll.1243–4)

143 Cléante (1669):
> Des intérêts du Ciel pourquoi vous chargez-vous?
> Pour punir le coupable a-t-il besoin de nous? (IV,1,ll.1219–20)

Cléante (1669) is warm in his praise of Christians who
> [...] ne veulent point prendre, avec un zèle extrême
> Les intérêts du Ciel plus qu'il ne veut lui-même. (I,5,ll.401–2)

144 The obsession to know heaven's will was anathema to Le Vayer: '... chacun rend le Ciel partisan de ses intérêts ... et l'homme ne pouvant connoitre les sentimens de Dieu, (je m'explique ainsi, puisque nous ne pouvons parler qu'improprement de lui), aime mieux lui attribuer les siens propres, que d'avouer son ignorance', *Petit traité sceptique*, p.190. Montaigne condemns this tendency to 'deviner Dieu par nos analogies et conjectures, le regler et le monde à nostre capacité et à nos loix, et nous servir aux despens de la divinité', *Essais*, II, 12, (Paris, 1962), I, p.570.

145 Cléante (1669):
   Ne vaudrait-il pas mieux qu'en personne discrète
   Vous fissiez de céans une honnête retraite ... (IV,1,ll.1261-2)
146 Tartuffe (1669):
   Il est, Monsieur, trois heures et demie:
   Certain devoir pieux me demande là-haut,
   Et vous m'excuserez de vous quitter si tôt. (IV,1,ll.1266-8)
   A possible source for this pious subterfuge from unpalatable reasoning is a sentence in *Prose chagrine*: 'Un de mes amis rémarqua plaisamment, comme son anchre sacrée et son dernier refuge étoit d'imputer aux raisonnemens qui le pressoient trop et où il n'avoit rien à répliquer; qu'ils interessoient la Foi', p.300.
147 The hypocrite derives his authority from the illusion of his virtue cultivated in the mind of his dupe, see Introduction, Section B. Le Vayer detested most those *dévots* whose legalism acts as a cover for criminal activity: '... les pires de tous sont ceux, qui cherchent dans ce zéle hypocrite l'impunité à toute sorte de licence ... Ils font mine de se scandaliser sur les moindres termes du Paganisme, et veulent que tout leur soit permis dans une vie plus criminelle que ne fut jamais celle des Infidèles', *Rapports de l'histoire profane à la sainte*, pp.406-7. On his admiration for the morality of Antiquity, see note 242.
148 This scene was replaced in 1669 by IV,2, in which Dorine asks Cléante to intercede with Orgon to prevent the imminent marriage of Tartuffe and Mariane, see Appendix I, 14.
149 Orgon (1669):
   Je porte en ce contrat de quoi vous faire rire ... (IV,3,l.1277)
150 It is in fact the marriage contract which awaits Mariane's signature.
151 Orgon (1669): *se sentant attendrir,*
       Allons, ferme, mon coeur, point de faiblesse humaine.
   (IV,3,l.1293)
152 '*Convent*: archaïque pour couvent. Ce mot vient du latin conventus' (Furetière). Convent (1668). This form is given in the oldest editions of the play. Dautant (1668).
   Orgon (1669):
       Ah! voilà justement de mes religieuses,
       Lorsqu'un père combat leurs flammes amoureuses!
       Debout! Plus votre coeur répugne à l'accepter,
       Plus ce sera pour vous matière à mériter:
       Mortifiez vos sens avec ce mariage ... (IV,3,ll.1301-5)

153 In 1669 the allusion to Tartuffe's nobility comes in II,2, ll.493–4, and Dorine speaks the words attributed to Cléante here (ll.495–6), see Appendix I, 15.

154 Orgon (1669):
> Vous étiez trop tranquille enfin pour être crue
> Et vous auriez paru d'autre manière émue. (IV,3,ll.1321–2)

155 Pierre Charron describes the tetchy behaviour of the superstitious *dévot* and the reason for it: 'Le superstitieux ne laisse vivre en paix ny Dieu, ny les hommes: il apprehende Dieu chagrin, despiteux, difficile à contenter, facile à se courroucer, long à s'appaiser, examinant nos actions à la façon humaine d'un juge severe, espiant et nous guettant au pas; ce qu'il témoigne assés par ses façons de le servir, qui est tout de mesmes'. *De la sagesse*, (Paris, 1986), II, p.454. This portrait corresponds to that in the anonymous *Quatrains du Déiste* at the beginning of the century, in which the *dévot* ascribes his own crude passions to God, see *Les Libertins au XVIIe siècle*, ed. A. Adam, (Paris, 1964), pp.90ff.

156 'Blesser quelqu'un au visage, en sorte qu'il en soit défiguré et gâté. Si vous reprochez à une vieille son âge, elle tâchera de vous dévisager' (Furetiere).

157 Rire is missing in 1668. 'Offense' and 'ridicule' singular (1667), 'offenses' (1668). Cf. Elmire (1669):
> Est-ce qu'au simple aveu d'un amoureux transport
> Il faut que notre honneur se gendarme si fort?
> Et ne peut-on répondre à tout ce qui le touche
> Que le feu dans les yeux et l'injure à la bouche?
> Pour moi, de tels propos je me ris simplement,
> Et l'éclat là-dessus ne me plaît nullement;
> J'aime qu'avec douceur nous nous montrions sages,
> Et ne suis point du tout pour ces prudes sauvages
> Dont l'honneur est armé de griffes et de dents,
> Et veut au moindre mot dévisager les gens:
> Me préserve le ciel d'une telle sagesse!
> Je veux une vertu qui ne soit point diablesse,
> Et crois que d'un refus la discrète froideur
> N'en est pas moins puissante à rebuter un coeur. (IV,3,ll.1323–36)

158 These speeches have been omitted in 1669, see Appendix I, 16.

159 'Effronterie, manque de pudeur, d'honnêteté, de respect' (Furetière).

160 Elmire (1669):
> Mais supposons ici que, d'un lieu qu'on peut prendre,
> On vous fît clairement tout voir et tout entendre,

Que diriez-vous alors de votre homme de bien?
Orgon: En ce cas, je dirais que ... Je ne dirais rien,
Car cela ne se peut. (IV,4,ll.1345–9)
161 Le Vayer's life-long crusade was to demonstrate the necessity for detachment from one's own opinion. In his *Petit traité sceptique sur cette commune façon de parler, n'avoir pas le sens commun* he writes that the proverb is reserved for 'ceux que nous croions avoir des opinions extravagantes, quand elles ne s'accordent pas aux nôtres: parce que cet Amour de nous mêmes est si puissant que nous ne considérons nos pensées que comme une partie de notre être, sans les examiner davantage', p.136. On the dangers of dogmatism in discussion, see *Dialogue sur l'opiniastrete*, op. cit., pp.364–5, *Prose chagrine*, pp.299ff. Cf. Montaigne: '... c'est une sotte presumption d'aller desdaignant et condamnant pour faux ce qui ne nous semble pas vray-semblable, qui est un vice ordinaire de ceux qui pensent avoir quelque suffisance outre la commune', op. cit., I, Ch.27, p.193.
162 Omitted in 1669, see Appendix I, 17.
163 Orgon (1669):
Soit: je vous prends au mot. Nous verrons votre adresse
Et comment vous pourrez remplir cette promesse. (IV,4,ll.1353–4)
164 This was omitted in 1669, see Appendix I, 18.
165 D'une défiance extrême (1668).
166 See note 87.
167 Elmire (1669):
... on est aisément dupé par ce qu'on aime. (IV,4,l.1357).
168 Elmire (1669):
Au moins, je vais toucher une étrange matière:
Ne vous scandalisez en aucune manière.
Quoi que je puisse dire, il doit m'être permis,
Et c'est pour vous convaincre, ainsi que j'ai promis,
Je vais par des douceurs, puisque j'y suis réduite,
Faire poser le masque à cette âme hypocrite,
Flatter de son amour les désirs effrontés,
Et donner un champ libre à ses témérités.
Comme c'est pour vous seul, et pour mieux le confondre,
Que mon âme à ses voeux va feindre de répondre,
J'aurai lieu de cesser dès que vous vous rendrez,
Et les choses n'iront que jusqu'où vous voudrez. (IV,4,ll.1369–80)
Her speech is more developed in 1669, see Appendix I, 19.

169 Elmire (1669):
    Et vous avez bien vu que j'ai fait mes efforts
    Pour rompre son dessein et calmer ses transports. (IV,5,ll.1395-6)
170 Elmire (1669):
    Mais puisque la parole enfin en est lâchée,
    A retenir Damis me serais-je attachée,
    Aurais-je, je vous prie, avec tant de douceur
    Ecouté tout au long l'offre de votre coeur,
    Aurais-je pris la chose ainsi qu'on m'a vu faire,
    Si l'offre de ce coeur n'eût eu de quoi me plaire?
    Et lorsque j'ai voulu moi-même vous forcer
    A refuser l'hymen qu'on venait d'annoncer,
    Qu'est-ce que cette instance a dû vous faire entendre,
    Que l'intérêt qu'en vous on s'avise de prendre,
    Et l'ennui qu'on aurait que ce noeud qu'on résout
    Vînt partager du moins un coeur que l'on veut tout?
                                            (IV,5,ll.1425-36)
    On the modifications from 1667, see Appendix I, 20.
171 The central point of the speech, that she does not wish him to marry her daughter out of jealousy, has been condensed in 1669 into ll.1425-36, see above note and Appendix I, 20.
172 An indication that the hypocrite is losing control of the faculty ensuring the success of his hypocrisy, namely his intellect.
173 Aristotle states that the character's behaviour must be appropriate and consistent, *Poetics*, ed. cit., p. 56: '(the 4th point about characters) is to make them consistent and the same throughout; even if inconsistency be part of the man before one for imitation as presenting that form of character, he should still be consistently inconsistent'.
Cf. Horace, *Ars poetica:* 'Let (your character) be kept to the end just as he was when he first appeared and let him be consistent', (ll.126-7), in Corneille, *Discours*, I, ed. cit., p.218, n.113. Failure to maintain the principle of *vraisemblance* was at the basis of Corneille's disagreements with the Académie Française over *Le Cid* in 1637. On his interpretation of the principle, see ibid., p.18, p.218, n.114.
174 Tartuffe (1669):
    Et je ne croirai rien, que vous n'ayez, Madame,
    Par des réalités su convaincre ma flamme (IV,5,ll.1465-6)
Cf. Célimène's lines about Arsinoé, *Le Misanthrope*, III, 4, ll.943-4:
    Elle fait des tableaux couvrir les nudités,
    Mais elle a de l'amour pour les réalités.

175 Elmire (1669):
> Mais comment consentir à ce que vous voulez,
> Sans offenser le Ciel, dont toujours vous parlez? (IV,5,ll.1479-80)

176 Omitted in 1669, see Appendix I, 21.

177 Tartuffe (1669):
> Le scandale du monde est ce qui fait l'offense,
> Et ce n'est pas pécher que pécher en silence. (IV,5,ll.1505-6)

The last line has been much attenuated from 1667, see Appendix I, 22.

178 Tartuffe (1669):
> Le Ciel défend, de vrai, certains contentements;
> *C'est un scélérat qui parle.*
> Mais on trouve avec lui des accommodements; (IV,5,ll.1487-8)

For attenuations in 1669, see Appendix I, 23.

179 '*Directeur*: un directeur de conscience, un directeur d'étude, en parlant de celui qui conduit la conscience, ou les études d'un autre. Le premier s'appelle quelquefois absolument directeur' (Furetière).

180 Tartuffe (1669):
> Selon divers besoins, il est une science
> D'étendre les liens de notre conscience
> Et de rectifier le mal de l'action
> Avec la pureté de notre intention.
> (IV,5,ll.1489-92)

Cf. Pascal's 'bon père': 'Ce n'est pas qu'autant qu'il est en notre pouvoir, nous ne détournions les hommes des choses défendues; mais quand nous ne pouvons pas empêcher l'action, nous purifions au moins l'intention; et ainsi nous corrigeons le vice du moyen par la pureté de la fin'. *7ᵉ Provinciale*, ed. cit., pp.397-8. In his *Préface* Molière writes of his hypocrite:

> Mais il débite au quatrième acte une morale pernicieuse. Mais cette morale est-elle quelque chose dont tout le monde n'eût les oreilles rebattues? Dit-elle rien de nouveau dans ma comédie? Et peut-on craindre que des choses si généralement détestées fassent quelque impression dans les esprits; que je les rende dangereuses en les faisant monter sur le théâtre; qu'elles reçoivent quelque autorité de la bouche d'un scélérat? Il n'y a nulle apparence à cela; ed. cit., I, p.885.

181 Elmire coughs to warn her husband in 1669, see Appendix I, 24.

182 Elmire (1669):
> Ouvrez un peu la porte, et voyez, je vous prie,
> Si mon mari n'est point dans cette galerie.
> (IV,5,ll.1521-2)

183 '*Fat*: sot, sans esprit, qui ne dit que des fadaises' (Furetière).
Tartuffe (1669):
   Qu'est-il besoin pour lui du soin que vous prenez?
   C'est un homme, entre nous, à mener par le nez;
   De tous nos entretiens il est pour faire gloire,
   Et je l'ai mis au point de voir tout sans rien croire. (IV,5,ll.1523–6)
184 *The Rhetoric of Aristotle*, ed. cit., II, p.20, para.8: 'another aggravation of anger and the sense of slight arises when the insult or injury proceeds from those whom, as he conceives, kind and courteous treatment is due; such are those who are indebted to him for benefits past or present, bestowed either by himself or on his account (such as are due to him) or by one of his friends, or those to whom he wishes well (wishes to benefit) or ever did wish well'. If *amour-propre* blinds according to Elmire, (ll.1357–8), it also enlightens as well, according to La Rochefoucauld: '... cette obscurité épaisse, qui le cache à lui-même, n'empêche pas qu'il ne voie parfaitement ce qui est hors de lui, en quoi il est semblable à nos yeux, qui découvrent tout, et sont aveugles seulement pour eux-mêmes', *Maximes supprimées*, 1, ed. cit., p.134.
185 See note 10.
186 Before the re-entry of Tartuffe in 1669 in IV,7, the stage-direction at l.1538 reads *Elle fait mettre son mari derrière elle*, see Appendix I, 25.
187 '*Acheminer*: Se dit figurément des entreprises pour dire les mettre en bon état d'exécution' (Furetière).
188 In 1669 Orgon simply stopped Tartuffe (at l.1541), see Appendix I, 26.
189 Elmire (1669):
   C'est contre mon humeur que j'ai fait tout ceci:
   Mais on m'a mise au point de vous traiter ainsi. (IV,7,ll.1551–2)
190 Cf. Cléante's remarks to this effect in I,5,ll.318–45, as he vainly tries to induce Orgon to see through Tartuffe's sanctimonious appearances. The propensity of humans not to go beyond appearances to reality provides the theme for Pascal's fragment on the power and manipulation of imagination, No.44, ed. cit., pp.504–5.
191 Omitted in 1669, see Appendix I, 27.
192 Tartuffe (1669): Mon dessein ... (IV,7,l.1555)
193 Orgon (1669):
   Il faut, tout sur-le-champ, sortir de la maison. (IV,7,l.1556)
194 Dom Juan likewise sees the necessity of always maintaining his hypocritical pose especially when exposed: 'C'est un art de qui l'imposture est toujours respectée; et quoiqu'on la découvre, on n'ose rien dire contre elle', *Dom Juan*, V,2.

195 '*Vuider*: déloger, ôter les meubles d'une chambre, d'une maison' (Furetière).
   Tartuffe (1669):
      C'est à vous d'en sortir, vous qui parlez en maître:
      La maison m'appartient, je le ferai connaître, (IV,7,ll.1557–8)
196 'Des spécialistes de l'histoire du droit français assurent que la donation d'Orgon était nulle de plein droit, et pour plusieurs raisons décisives. Orgon ne pouvait disposer que d'un sixième de son bien. Damis avait droit à deux tiers et Mariane à un sixième de la succession de leur père sans que celui-ci y pût rien. Une donation pouvait toujours être révoquée, et celle-ci pouvait l'être d'autant plus qu'elle n'avait pas été insinuée. Or toute donation non insinuée était nulle, car l'insinuation était exigée 'ne quis impetu aliquo, sine judicio, tanquam prodigus donet.'
   A. Adam, *Histoire*... , III, p.320.
197 Orgon (1669):
      Mais j'ai quelque autre chose encore qui m'inquiète.
      Elmire: Et quoi?
      Orgon: Vous saurez tout. Mais voyons au plus tôt
         Si certaine cassette est encore là-haut.
   (IV,8,ll.1570–2)
198 In 1669 there is mention of one friend only, see Appendix I, 28.
199 Orgon (1669):
      Ce fut par un motif de cas de conscience:
      J'allai droit à mon traître en faire confidence;
      Et son raisonnement me vint persuader
      De lui donner plutôt la cassette à garder,
      Afin que, pour nier, en cas de quelque enquête,
      J'eusse d'un faux-fuyant la faveur toute prête,
      Par où ma conscience eût pleine sûreté
      A faire des serments contre la vérité. (V,1,ll.1585–92).
   In *Prose chagrine* Le Vayer stigmatizes 'les cas de conscience [qui] ont tellement sophistiqué le bien et le mal, qu'il est très difficile de les discerner', p.252. The doctrine of mental restriction is outlined by Pascal's Jesuit as follows: '*On peut jurer*, dit-il, *qu'on n'a pas fait une chose, quoiqu'on l'ait faite effectivement, en entendant en soi-même qu'on ne l'a pas faite un certain jour ou avant qu'on fût né, ou en sous-entendant quelque autre circonstance pareille, sans que les paroles dont on se sert aient aucun sens qui le puisse faire connaître; et cela est fort commode en beaucoup de rencontres, et est toujours très juste, quand cela est nécessaire, ou utile pour la santé, l'honneur ou le bien*', 9e *Provinciale*, ed. cit., p.411.

200 The same point about the ability of such *dévots* to penetrate every stratum of life is made in [pp.10–11].
201 'Une procédure régulière est celle qui est dans les formes de la justice' (Furetière). Cléante(1669):
> On peut vous mener loin avec de pareils gages;
> Et cet homme sur vous ayant ces avantages ... (V,1,ll.1597–8)

On the change in Cléante's role here from 1667, see Appendix I, 29.
202 Orgon (1669):
> C'en est fait, je renonce à tous les gens de bien: (V,1,l.1604)
203 Justice, Reason and Truth create the *juste-milieu*, equidistant from credulity and mistrust. Cf. Cléante (1669), V,1,ll.1607–28, with his stress on being in 'le milieu qu'il faut' (l.1624).
204 Mme Pernelle (1669):
> Qu'est-ce? J'apprends ici de terribles mystères. (V,3,l.1642)

The return of Damis is not mentioned, see Appendix I, 30.
205 Orgon (1669) :
> Je lui donne ma fille et tout le bien que j'ai;
> Et, dans le même temps, le perfide, l'infâme,
> Tente le noir dessein de suborner ma femme,
> Et non content encore de ces lâches essais,
> Il m'ose menacer de mes propres bienfaits,
> Et veut, à ma ruine, user des avantages
> Dont le viennent d'armer mes bontés trop peu sages,
> Me chasser de mes biens, ... (V,3,ll.1648– 55)
206 As Dorine (1669), V,3,l.1657.
207 Mme Pernelle (1669):
> Je vous l'ai dit cent fois quand vous étiez petit:
> La vertu dans le monde est toujours poursuivie;
> Les envieux mourront, mais non jamais l'envie. (V,3,ll.1664–6)
208 Orgon (1669):
> Je vous ai dit déjà que j'ai vu tout moi-même. (V,3,l.1669)
209 'Se dit ironiquement d'un escrit long et ennuyeux à lire ou à ouïr' (Furetière).
210 These have been omitted in 1669, see Appendix I, 31.
211 Orgon (1669), V,3,ll.1672,1676–77. Cf. Elmire's verses to Orgon in IV,4,ll.1345–7, about seeing Tartuffe's real behaviour and his reaction.
212 Dorine (1669):
> Juste retour, Monsieur, des choses d'ici-bas:
> Vous ne vouliez point croire, et l'on ne vous croit pas.
> (V,3,ll.1695–6)

213 Mme Pernelle (1669):
Mon Dieu, le plus souvent l'apparence déçoit:
Il ne faut pas toujours juger sur ce qu'on voit. (V,3,ll.1679–80)
Also V, 3.ll.1684–6,1690–2.
214 'Eust'and 'eusse' in both editions.
Orgon (1669):
Je devais donc, ma mère, attendre qu'à mes yeux
Il eût ... Vous me feriez dire quelque sottise. (V,3,ll.1688–9)
215 'N'heurtoit' in both editions.
216 M. Loyal (1669):
Je m'appelle Loyal, natif de Normandie,
Et suis huissier à verge, en dépit de l'envie. (V,4,ll.1741–2)
The list of actors describes him as 'sergent' but he uses the more imposing title of 'huissier': 'Les sergents à verge ont aussi usurpé le nom d'huissier quand ils font des ventes de meubles' (Furetière). The *verge* was a rod with which he touched the intended recipient of a writ. According to G. Couton, who provides the above details in his edition of Molière, I, p.1368, if the person did not comply with the writ he could be arrested: 'L'ordonnance d'Orléans de 1560 veut que quiconque sera touché de la verge du sergent le suive en prison' (Furetière).
217 1668 edition has 'sans' for 'dans'.
218 1668 edition omits 'ce qui est l'ame'. '*Cabale*: une société de personnes qui sont dans la même confidence et dans les mêmes intérêts; mais il se prend ordinairement en mauvaise part' (Furetière). 'L'art de cabaler' provokes Le Vayer's indignation in *Prose chagrine*: 'N'est-ce pas une chose honteuse que cet art regne aujourd'hui dans toutes sortes de professions; et que celles même qui témoignent le plus d'intégrité, et qui en font leçon aux autres, soient souvent sujettes aux cabales comme les autres', p.256. Philinte agrees: 'Tout marche par cabale et par pur intérêt', *Le Misanthrope*, V,1,l.1556. The cohesiveness of hypocrites is attractive to Dom Juan: 'On lie, à force de grimaces, une société étroite avec tous les gens du parti. Qui en choque un se les jette tous sur les bras', *Dom Juan*, V,2.
219 'Qui donne de l'horreur et de l'indignation' (Furetière).
220 'Il lui fait dire'. See notes 245, 294 for similar archaic constructions to that in the text in which the personal pronoun object is placed in front of the infinitive instead of the factitive verb.
221 M. Loyal (1669), ll.1780–96. He delays execution by one day, intimates that he and ten assistants will spend the night at the house, orders that the keys be given to him before night-fall, and graciously informs the family that they and all their chattels will be put outside the next day:

all part of the 'circonstances plus choquantes que ne seroit un ordre absolu' alluded to in [pp.72–3].

222 Mme Pernelle (1669):
Je suis tout ébaubie, et je tombe des nues! (V,5,l.1814)
'esbaudi: terme populaire et vieux, qui signifiait la même chose qu'esbahi, mais un esbahissement accompagné de quelque trouble ou faiblesse d'esprit' (Furetière).

223 In 1667 Valère received the information of Orgon's denunciation by Panulphe to the king from the officer sent to arrest him. There is no trace of this in 1669, see V,6, ll.1829–44,1848–54, and Appendix I, 32.

224 Tartuffe (1669):
Mais l'intérêt du Prince est mon premier devoir; (V, scène dernière, l.1880)

225 Cléante (1669):
Mais s'il est si parfait que vous le déclarez,
Ce zèle qui vous pousse et dont vous vous parez,
D'où vient que pour paraître il s'avise d'attendre
Qu'à poursuivre sa femme il ait su vous surprendre, (V, scène dernière, ll.1887–90)

226 Tartuffe (1669) à l'Exempt:
Délivrez-moi, Monsieur, de la criaillerie,
Et daignez accomplir votre ordre, je vous prie. (V, scène dernière, ll.1897–8)

227 L'Exempt (1669):
Oui, c'est trop demeurer sans doute à l'accomplir:
Votre bouche à propos m'invite à le remplir;
Et pour l'exécuter, suivez-moi tout à l'heure
Dans la prison qu'on doit vous donner pour demeure. (V, scène dernière, ll.1899–1902)

'*Exempt*: un officier établi dans les compagnies de gardes du corps, dans celles des prévôts, et autres officiers. Ils commandent en l'absence des capitaines et lieutenants et ils sont ordinairement employés à faire des captures ou autres exécutions à la tête de quelques gardes ou archers' (Furetière).

228 *Poetics*, Ch. XV, ed. cit., p.57: ' ... the Dénouement also should arise out of the plot itself, and not depend on a stage-artifice, as in *Medea*, or in the story of the (arrested) departure of the Greeks in the *Iliad*. The artifice must be reserved for matters outside the play — for past events beyond human knowledge, or events yet to come, which require to be foretold or announced; since it is the privilege of the Gods to know everything.'

229 This speech differs in three important respects from that of L'Exempt in 1669 (V, scène dernière, ll.1904–44). See Appendix I, 33.
230 Cléante (1669):
> Souhaitez bien plutôt que son coeur en ce jour
> Au sein de la vertu fasse un heureux retour,
> Qu'il corrige sa vie en détestant son vice
> Et puisse du grand Prince adoucir la justice, (V, scène dernière, ll.1951–54)
231 Molière was of course numbered among the atheists, notably by B.A. Sieur de Rochemont, author of *Observations sur le Festin de Pierre* (1665), for whom, step by step, 'Molière a fait monter l'athéisme sur le théâtre', Couton, ed. cit., II, p.1202; and by his former protector in Languedoc, Prince de Conti, *Traité de la comédie et des spectacles*, pp.66–7. For Molière's reaction to allegations of impiety, see the first paragraph of *Préface*, ed. cit., I, pp.883–4.
232 In his enthusiasm, Le Vayer overlooks the example of love demonstrated by Christ's pardon of his enemies from the cross: 'Père, pardonne-leur: ils ne savent ce qu'ils font', *Saint Luc* XXIII.34. See also the similar words of Stephen in *Les Actes des Apôtres* VII.60. Charity is the most important aspect of religion for Le Vayer, on account of its ethical emphasis: '... nous imiterons beaucoup mieux l'ordre de la nature, et les dispositions de Dieu, si nous ne nous lassons pas de faire du bien à ceux mêmes qui nous en savent le moins de gré, et qui sont le moins dignes ... Le Ciel n'envoie-t-il pas les mêmes influences et les mêmes pluies sur la terre des méchans que sur celle des justes? ... Imitons sa perseverance, et continuons à combler de bien-faits un ingrat, jusqu'à ce que nous l'aions rendu reconnoissant', *De l'ingratitude*, pp.67–8.
233 'Le vulgaire' is invariably a term of contempt used by Le Vayer to describe the uncritical multitude, to whose goodly number belong all who fail to exercise their rational faculty, regardless of social or professional status, see Introduction, Section E. Hence his scorn for the suggestion of seeking a highly placed patron for his early dialogues: 'Bon Dieu! que je suis esloigné de ce dessein, et que je mesprise ces puissances dont vous parlez, tant s'en faut que je les voulusse si laschement honorer', *Lettre de l'autheur, Dialogues*, p.11.
234 Similar indifference is professed at the end of the *Avis*, [p.38] and [pp.122–4]. In *Prose chagrine* he describes contemporary issues which arouse his ire, before concluding 'Je ne veux pas néanmoins me mêler ici de le [le siècle] corriger ... ', p.252. On his detachment from society, see Introduction, Section E.

235 A direct reference to the meeting between Molière, the Premier Président and Boileau in August, 1667, echoed in the *Préface*: 'Je sais bien que, pour réponse, ces messieurs tâchent d'insinuer que ce n'est point au théâtre à parler de ces matières; mais je leur demande, avec leur permission, sur quoi ils fondent cette belle maxime', ed. cit., I, p.884. D'Aubignac in *La Pratique du théâtre* questions the ability of the theatre to handle religious issues without 'la profanation des choses sainctes', see H. Phillips, op. cit., p.233. In the following paragraphs [pp.80–92] Le Vayer cleverly uses the principles of Truth, Reason, and Charity, as exemplified by Antiquity and Molière, to demonstrate the necessity of treating religion in the theatre. See Introduction, Section B.

236 De la sainte Antiquité (1668). This variant translates perfectly Le Vayer's attitude towards the Ancients: 'Ceux-là ne se trompent pas qui considèrent ces anciens Philosophes Grecs et Latins comme des originaux de Sagesse et de Vertu. La Vérité éternelle est la source où ils ont puisé tant de beaux préceptes qu'ils nous donnent', *Petit traité sceptique*, p.125.

237 The exclamation mark is missing in the 1667 edition. See Molière's *Préface*: 'J'ai eu beau la (ma comédie) soumettre aux lumières de mes amis, et à la censure de tout le monde, les corrections que j'ai pu faire, le jugement du roi et de la reine, qui l'ont vue, l'approbation des grands princes et de messieurs les ministres, qui l'ont honorée publiquement de leur présence, le témoignage des gens de bien, qui l'ont trouvée profitable, tout cela n'a de rien servi', ed. cit., I, pp.883–4.

238 See note 12.

239 See *Préface*: 'J'avoue qu'il y a des lieux qu'il vaut mieux fréquenter que le théâtre', ed. cit., I, p.888.

240 Par la lumière (1668).

241 Le Vayer was hostile to all metaphysical systems, and his *Dialogue sur le subjet de la divinité* was a factor in Descartes' elaboration of his proof of God's existence, see R. Mc Bride, *Aspects of Seventeenth-Century Drama and Thought*, (London, 1979), p.171. The most important element for him in religion is its ethical value: '… le réglement de nos moeurs est de toutes les méditations sérieuses la plus utile et celle qui purifie nôtre volonté, rend cette partie de nôtre âme plus soûmise aux fins raisonnables, où elle doit viser pour y trouver sa félicité', *De la religion*, in op. cit., III, (2e partie), 6e vol., p.411.

242 Elsewhere Le Vayer writes that in God's service 'nous ne serions pas excusables si nous nous portions avec aussi peu de résolution et de détermination au service Divin que ces Payens qui n'étoient pas éclairés ou instruits comme nous', *De la religion*, p.420. Voltaire observed

that '(Le Vayer) combattit le premier avec succès cette opinion qui nous sied si mal, que notre morale vaut mieux que celle de l'antiquité', *Siècle de Louis XIV*, (Neuchâtel, 1773), I, p.275.

243 Et puisque les plus sensuels (1668).

244 God is visible everywhere, but is no-where knowable with certainty, as the remarks on Orgon throughout the letter bear out. In *De la religion*, Le Vayer writes that 'Soions assurés que sans vouloir écheler le Ciel avant que d'y être appellés, nous trouverons partout les marques de celui qui nous y attend, et qui seul est capable de nous y conduire. Quiconque cherche Dieu avec le respect qui lui est dû, le trouve par tout; ... il n'est si chétive plante, ni si petit moucheron, qui ne lui apprenne la grandeur, la bonté, et la sagesse du créateur de toutes choses', pp.42–45. The same idea is found in *Promenades*, (4), p.27. St. Augustine expresses an analogous idea in the *Confessions*, I, para.3.

245 'Les fait chérir'. See note 220.

246 Cf. the same sceptical idea about the illusion of their authority which magistrates and doctors cultivate by means of their dress in *Pensées*, No.44, ed. cit., p.505, and La Fontaine, *L'Ane portant les reliques, Fables*, V, 14, in ed. G. Couton (Paris, 1962), p.144:
D'un magistrat ignorant
C'est la robe qu'on salue.
Molière's doctors are the experts in the manipulation of appearances, for, as Béralde tells Argan, 'L'on n'a qu'à parler avec une robe et un bonnet, tout galimatias devient savant, et toute sottise devient raison', *Le Malade imaginaire*, III,14.

247 'It is believed that Solon and Arcesilaus were fond of wine, and Cato has been reproached for drunkenness; but whoever reproaches that man will more easily make reproach honourable than Cato base', Seneca, *On Tranquillity of Mind*, in *Moral Essays*, translated by J.W. Basore, (London-Cambridge, Mass, 1958), II, p.283.

248 As for Le Vayer, so too charity is the religious ideal of Cléante in 1669, who admires particularly those Christians who refuse to censure, or think ill of, others, I,5,ll.391–404.

249 A characteristically bold extension of St. Paul's statement to the Athenians that 'Le Dieu qui a fait le monde et tout ce qui s'y trouve, lui, le Seigneur du ciel et de la terre, n'habite pas dans des temples faits de main d'homme', *Les Actes des Apôtres* XVII.24.

250 Cf. the expression of the corruptibility of all things in the *Préface*. 'Il n'y a chose si innocente où les hommes ne puissent porter du crime, point d'art si salutaire dont ils ne soient capables de renverser les intentions, rien de si bon en soi qu'ils ne puissent tourner à de mauvais usages', ed. cit., I, pp.886–7.

251 De tout temps (1668).
252 Il est toujours plus saint (1668).
253 This paragraph contains more than an echo of St. Paul's argument in his *Epître aux Romains* XIV.17 about the necessity of preaching the word of God.
254 See note 236 on Le Vayer's admiration for the thinkers of the ancient world.
255 In the *Préface* Molière writes that '... la comédie, chez les anciens, a pris son origine de la religion, et faisait partie de leurs mystères', ed. cit., I, p.884.
256 It is precisely in this attractiveness of the theatre that Nicole and Pascal see the greatest dangers for morality, see *Traité de la comédie*, ed. cit., p.43, and *Pensées*, No.764, ed. cit., p.597. See Introduction, Section C, on the debate about the moral value of the theatre.
257 De leurs temps (1668).
258 The point about the use of Pagan gods in the dénouement is expanded in Le Vayer's *Des récréations honnêtes*, see Introduction, Section C.
259 In his *Préface* Molière describes comedy as 'un poème ingénieux, qui, par des leçons agréables, reprend les défauts des hommes', ed. cit., I, p.886, .
260 In his *Préface* Molière traces the origin of theatre to 'une confrérie à qui appartient encore aujourd'hui l'Hôtel de Bourgogne, ... un lieu qui fut donné pour y représenter les plus importants mystères de notre foi', ed. cit., I, pp.884-5.
261 Réellement, de fait (Littré).
262 Réel, effectif, durable, par opposition à frivole,chimérique (Littré). Cf. *Les Femmes savantes*, IV,5,l.1450: 'Mon plus solide espoir, c'est votre coeur, Madame'.
263 The ostentatious deference to the authorities in the *Avis* has evaporated!
264 Cf. Molière's sentence in *Au lecteur, L'Amour médecin* (1666): 'on sait bien que les comédies ne sont faites que pour être jouées; et je ne conseille de lire celle-ci qu'aux personnes qui ont des yeux pour découvrir dans la lecture tout le jeu du théâtre'.
265 Le Vayer's view of his compatriots was sometimes unflattering: '... chaque Nation a ses défauts, et semble être sujette à de certains vices, qui leur sont comme naturels. Les Français, pour la plûpart, sont legers, impatiens et accompagnés d'une simplicité fort contraire à la prudence humaine', *En quoi la piété des Français diffère de celle des Espagnols*, in op. cit., IV, (2ᵉ partie), 8ᵉ vol., p.410; women seem prone to fall prey to *galants*, to judge from some of his allusions in *Dialogue sur le mariage*, pp.482ff, 484ff, 488ff, 493ff; in *Des Femmes*, where he describes himself,

no doubt facetiously, as 'le passionné protecteur' of women, he observes that 'il y a des femmes assez hardies (je ne veux rien dire de plus) pour faire gloire de leurs galans et pour ne se soucier pas beaucoup que leurs maris prennent connoissance de leurs débauches', op. cit., VII, (1re partie), 13e vol., pp.394–6.
266 Ce caractère ridicule (1668).
267 Les trois quarts. Furetière gives the following example: 'Il a été condamné aux trois parts des despens'.
268 A similar display of polite modesty precedes the results which Descartes adduces from his method in the opening paragraphs of his *Discours de la méthode*, Ch.5.
269 For La Rochefoucauld, it is the latter passion '[qui] usurpe sur tous les desseins et sur toutes les actions de la vie', *Maximes*, No.266 in ed. cit., p.68.
270 Descartes held that 'La Derision ou Moquerie est une espece de Joye meslée de Haine, qui vient de ce qu'on n'aperçoit (sic) quelque petit mal en une personne, qu'on pense en estre digne', *Les Passions de l'âme*, ed. G. Rodis-Lewis, (Paris, 1970), Art.178, p.195. Esteem and scorn are produced by 'un mouvement particulier des esprits', and are divisions of admiration, Art.149, pp.174–5. He gives a physiological explanation of the phenomenon of laughter, Art.124–6, pp.153–5.
271 '*Providence de la Nature*. Terme de théologie qui ne se dit que de Dieu et de sa conduite sur toutes les choses créées' (Furetière). The following past participle has no agreement in the editions of 1667 and 1668.
272 'Proportion, rapport, ressemblance que deux choses ont ensemble' (Furetière).
273 'Nam et, quod decet, honestum est et, quod honestum est, decet' ('For what is proper is morally right, and what is morally right is proper'), Cicero, *De Officiis*, translated by W. Miller, (London-New York), 1913, pp.96–7.
274 'Then', said I (Socrates), 'when there is a coincidence of a beautiful disposition in the soul and corresponding and harmonious beauties of the same type in the bodily form — is not this the fairest spectacle for one who is capable of its contemplation?' Plato, *The Republic*, translated by P. Shorey, (London-Cambridge, Mass., 1963), III, p.261.
275 'Disproportion. Les mariages ne sont pas heureux quand il y a une grand disconvenance d'âge' (Furetière).
276 'Faisons tant les austeres et les reformés que nous voudrons, si nos moeurs ne sont pas pures, et si elles ne répondent à ce que nous exposons artificieusement au public, on reconnoitra tôt ou tard nôtre artifice, et nous deviendrons aussi ridicules que le Renard enfariné

dont parle la Fable', *De la prudence*, op. cit., III, (2ᵉ partie), 6ᵉ vol., p.406. See Introduction, Section D on Le Vayer's exposition of the phenomenon of the ridiculous.
277 'Préoccupation d'esprit, entêtement. La prévention nous empêche de bien raisonner' (Furetière).
278 See the similar analysis of Pascal, *11ᵉ Provinciale:* '... il est impossible que cette surprise ne fasse rire, parce que rien n'y porte davantage qu'une disproportion surprenante entre ce qu'on attend et ce qu'on voit', ed. cit., p.420.
279 'La mortification se fait par les jeûnes, les austérités' (Furetière). Christ commands that such religious exercises be carried out in secret and not flaunted before others: 'quand vous jeûnez, ne vous donnez pas un air sombre comme font les hypocrites: ils prennent une mine défaite, pour que les hommes voient bien qu'ils jeûnent. En vérité je vous le dis, ils tiennent déjà leur récompense. Pour toi, quand tu jeûnes, parfume ta tête et lave ton visage pour que ton jeûne soit connu, non des hommes, mais de ton Père qui est là, dans le secret; et ton Père, qui voit dans le secret, te le rendra', *Saint Matthieu* VI.16–18. Nor does the hypocrite's ruddy and florid countenance lend credence to his strenuous piety, see l.234 of the 1669 play.
280 Le Vayer is all too aware of the fact that his argument for the play's morality stands or falls by his demonstration of its effect on contemporary mores.
281 Le Vayer's argument in this paragraph and in the next two paragraphs, to the effect that Panulphe's behaviour and speech are ridiculous even when employed by other potential seducers in a different context, receives indirect support from the abbé de Châteauneuf, who reports a conversation with Molière (c.1665) on the subject of the comic which often appears more pronounced when imitated than when perceived in its original form, see *Molière recueil*, I, pp.253–4. Cf. La Rochefoucauld: 'Les seules bonnes copies sont celles qui nous font voir le ridicule des méchants originaux', *Maximes*, No.133 in ed. cit., p.35.
282 'Le' is not in the text of the 1667 edition.
283 The theory of the ridiculous adumbrated here is surprisingly modern. Whereas most analyses have concentrated on the contrast between the real and the ideal, (see A. Stern, *Philosophie du rire et des pleurs*, (Paris, 1949, Ch.2), for Le Vayer the ridiculous results from the superimposing of one image upon another hitherto unrelated one. The resultant fusion gives rise to our perception of the ridiculous. Bergson likewise relates the origin of laughter to paradoxical modes of 'reasoning' as he discerns in its patterns '... une logique de l'imagination qui n'est pas

la logique de la raison, qui s'y oppose même parfois ... C'est quelque chose comme la logique du rêve, mais d'un rêve qui ne serait pas abandonné au caprice de la fantaisie individuelle ... ', *Le rire, essai sur la signification du comique*, (Paris, 1962), p.32. This illogical but by no means arbitrary process of the ridiculous is well described by Le Vayer in the following paragraph ('... cette forme de proceder si irreguliere dans le fond'). Freud, like Bergson, views the comic as a suprarational phenomenon: '... the comic arises from the uncovering of a mode of thought that is exclusively proper to the unconscious', *Jokes and their Relation to the Unconscious*, (London, 1960), p.206. A more intellectual approach with great affinity to that of the *Lettre* is provided by the theory of A. Koestler, for whom the pattern of the comic resides in 'the perceiving of a situation or idea ... in two self-consistent but habitually incompatible frames of reference', *The Act of Creation*, (London, 1964), p.35. Cf. the analogous notion of 'coprésence' of the standard of reference in the comic, in J. Emelina, *Le Comique: essai d'interprétation générale*, (Paris, 1991), pp.89ff. G. Poulet's essay on the letter, which he ascribes to Molière, considers the comic from a durational aspect: 'Le comique est donc la perception d'une brisure éphémère et locale au milieu d'un monde durable et normal', *Etudes sur le temps humain*, (Edinburgh, 1949), p.83.

284 Pascal points likewise to the force and immediacy of the illogical logic which governs our perception of the ridiculous in *Pensées*, No.13, ed. cit., p.502: 'Deux visages semblables, dont aucun ne fait rire en particulier font rire ensemble par leur ressemblance'.

285 H. Bergson expresses memorably the state of mind conducive to the comic: 'Le comique exige donc enfin, pour produire tout son effet, quelque chose comme une anesthésie momentanée du coeur. Il s'adresse à l'intelligence pure', op. cit., p.4.

286 Pascal underlines the ways in which our rational faculty is subverted instantaneously by our errant sense impressions in his example of the devout magistrate whose gravitas is undermined by the appearance of the preacher: 'Que le prédicateur vienne à paraître, si la nature lui (a) donné une voix enrouée et un tour de visage bizarre, que son barbier l'ait mal rasé, si le hasard l'a encore barbouillé de surcroît, quelque grandes vérités qu'il annonce je parie la perte de la gravité de notre sénateur', *Pensées*, No.44 in ed. cit., p.504. Bergson has formulated a law of the comic from such examples: 'Est comique tout incident qui appelle notre attention sur le physique d'une personne alors que le moral est en cause', op. cit., p.39.

287 '*Rebuter*: dégoûter, empêcher de poursuivre quelque dessein, mépriser, rejeter' (Furetière). Le Vayer's expression of the ridiculous is here close to that of Descartes, see note 270.
288 Both the 1667 and 1668 editions print 'Rethorique' here.
289 'Se dit figurément en morale de ce qui est peu estimé. Les gens de néant, de basse naissance' (Furetière).
290 A votre égard.
291 Cf. Molière's *Préface*: 'C'est une grande atteinte aux vices que de les exposer à la risée de tout le monde', ed. cit., I, p.885. La Rochefoucauld captures the essence of this paragraph about the way the passion of love invites ridicule: 'Toutes les passions nous font faire des fautes, mais l'amour nous en fait faire de plus ridicules', *Maximes*, No.422 in ed. cit., p.98.
292 See Bergson's remarks in connexion with disguise: 'Un homme qui se déguise est comique. Un homme qu'on croirait déguisé est comique encore. Par extension, tout déguisement va devenir comique ... ', op. cit., p.32. Cf. La Rochefoucauld, 'On n'est jamais si ridicule par les qualités que l'on a que par celles que l'on affecte d'avoir', Maximes, No.134 in ed. cit., p.36. The conclusion to La Fontaine's fable *Le Loup devenu berger* summarizes neatly the argument of Le Vayer here: 'Toujours par quelque endroit fourbes se laissent prendre', *Fables*, III,3, in ed. cit., p.87.
293 On the powerful effect of ridicule on behaviour, see the following sentence from the *Préface*: 'On veut bien être méchant, mais on ne veut point être ridicule', ed. cit., I, p.885.
294 'Nous la fait mesestimer'. See notes 220, 245.
295 Le Vayer comes close here and in the rest of this paragraph to the description of the origin of laughter of Thomas Hobbes: '... the passion of laughter proceedeth from the *sudden* imagination of our own odds and eminency: for what is else the mending of ourselves to our own good opinion, by comparison with another man's infirmity or absurdity? For when a jest is broken upon ourselves, or friends of whose dishonour we participate, we never laugh thereat. I may therefore conclude, that the passion of laughter is nothing else but *sudden glory* arising from some sudden conception of some *eminency* in ourselves, by comparison with the *infirmity* of others, or with our own formerly ... Besides, it is a vain glory, and an argument of little worth, to think the infirmity of another sufficient matter of triumph'. *The English Works of Thomas Hobbes of Malmsbury*, IV,i, Human Nature, ed. Sir William Molesworth, (London, 1839-45), Ch.9, 13, pp.46-7. See also the passage on *Sudden glory* in *Leviathan*, ed. J. Plamenatz, (London, 1962), p.93. Hobbes lived in exile in Paris during the period 1640-53, knew Gassendi from his second visit to the Continent 1634-

37, as well as Mersenne and Sorbière, and it is inconceivable that he did not know Le Vayer also, since all these thinkers moved in the same intellectual and progressive circles, see R. Pintard, op. cit., pp.552–8, J.S. Spink, op. cit., pp.69ff.

296 Bergson writes that 'un personnage comique est généralement comique dans l'exacte mesure où il s'ignore lui-même. Le comique est inconscient', op. cit., p.13.

297 Le Vayer's antidote to these endemic human ailments is to be found in the practice of self-knowledge, filling the mind with 'la science et la sagesse, qui chassant l'ignorance autant qu'elles peuvent de nôtre entendement, l'éclairent de mille belles lumières: soit qu'elle (l'âme) s'applique à considérer les Vertus de la volonté, qui ennemies du Vice, nous font acquérir des habitudes morales au bien, par la pratique de plusieurs bonnes actions réitérées. Il est impossible que dans une si utile et si agréable contemplation, nous ne nous sentions remplir intérieurement d'une joie qui peut passer pour un avant-goût de celle des Bienheureux', *De la connoissance de soi-même*, op. cit., III, (2ᵉ partie), 6ᵉ vol., pp.449–50; *Prose chagrine*, pp.366ff; in *Petit traité sceptique*, where he is in more sceptical vein, he admits the difficulty of changing essential human nature, p.179.

298 There is more than a hint here of the unconscious springs of behaviour which do not lend themselves easily to rational analysis. Cf. La Rochefoucauld: 'Il s'en faut bien que nous ne connaissions toutes nos volontés', *Maximes*, No.295 in ed. cit., p.74; Pascal, 'Car il ne faut pas se méconnaître, nous sommes automate autant qu'esprit', *Pensées*, No.821 in ed. cit., p.604. Descartes, on the other hand, prescribed as the second rule of his *morale* 'une ferme et constante resolution d'executer tout ce que la raison luy conseillera, sans que ses passions ou ses appetits l'en detournent', *Les Passions de l'âme*, Art.153, *En quoy consiste la Generosité*, n.1, p.178.

299 La Rochefoucauld underlines the same extreme sensitivity to ridicule which underlies the effect of the argument here, in maxim 326: 'le ridicule déshonore plus que le déshonneur', ed. cit., p.80.

300 Le Vayer terminates his forensic argument with a triumphant legal flourish, see the ironic manner in which he rounds off the description of the 1667 play, [p.79].

301 'Si l'emploi de la comédie est de corriger les vices des hommes, je ne vois pas par quelle raison il y en aura de privilégiés', *Préface*, ed. cit., I, p.885.

302 A ne regarder toutes les choses de se (*sic*) monde (1668).

303 Comedy is a frequently found description of the world, and laughter the most appropriate reaction to it, in Le Vayer's writings, see Introduction, Section E. In *Lettre de l'autheur* of his *Dialogues* he dismisses the world as 'une farce et perpetuelle comedie', op. cit., p.14. The conclusion to *Prose chagrine* is to 'rire aussi philosophiquement que (Démocrite) des conditions de la vie', op. cit., p.385. See also *Sur les mariages*, op. cit., III, (2ᵉ partie), 6ᵉ vol., pp.14–15, *Dialogues*, p.142.

APPENDIX I

DIFFERENCES BETWEEN *L'IMPOSTEUR* (1667) AND *LE TARTUFFE* (1669)

At first sight it seems curious that the letter makes no mention of the change Molière made in the social status of his hypocrite in 1667 which he describes in the *Second Placet* of August 1667:

> En vain je l'ai produite (ma comédie) sous le titre de *L'Imposteur*, et déguisé le personnage sous l'ajustement d'un homme du monde; j'ai eu beau lui donner un petit chapeau, de grands cheveux, un grand collet, une épée, et des dentelles sur tout l'habit, mettre en plusieurs endroits des adoucissements, et retrancher avec soin tout ce que j'ai jugé capable de fournir l'ombre d'un prétexte aux célèbres originaux du portrait que je voulais faire; tout cela n'a de rien servi.[1]

Molière's frustration overlays a considerable degree of naïveté at the turn of events. As G. Couton has cogently surmised, it is likely that the hypocrite of 1664 wore the opposite kind of dress, i.e. 'grand chapeau, cheveux courts, petit collet, pas d'épée, habits sans dentelles', that is, the dress of an ascetic, pious person, attached directly or indirectly to the Church and exercising a diaconal or even priestly function.[2] It is clear from the *Lettre* that the Panulphe of 1667 is still presented as a sensual parasitic hypocrite, intent on seducing Orgon's wife and defrauding his children of their property. Hardouin de Péréfixe was not mistaken when he saw this continuity between the versions and forbad the faithful to see the play 'sous quelque nom que ce soit'.[3] Allusion to the change in Panulphe would have opened a Pandora's box, and the letter maintains a discreet silence on Molière's attempts to sweeten the pill of his satire on religious hypocrisy under the coating of the character's worldly dress.

It has been commonplace for generations of Moliéristes to repeat that there are virtually no differences between the play of 1667 and the final version.[4] This view originated in the eighteenth-century with editors such as M.-A. Jolly and A. Bret, who maintained that the main difference lay in the change of title, see Introduction, Section F. Voltaire shared the same opinion.[5] In fact, a scrutiny of the letter reveals that there are numerous significant differences and changes in emphasis between the versions, and it will be helpful to list them act by act before attempting to assess their import.

ACT I

1. In Act I (1667), when Mme Pernelle traversed the stage like a whirlwind, saying that she can tolerate no longer the life-style of her son's household, Damis was the first member of the family who dared to answer her. She addressed mordant remarks to him about his behaviour, then Elmire, Cléante, Dorine intervened, to be criticized by her in turn [pp.2–3]. In 1669 the order is Elmire, Dorine, Damis, Mariane, Elmire, and Cléante.

2. After Mme Pernelle's speech about Panulphe's merits [p.4], the family embarked on their own description of the hypocrite and Cléante 'commence déjà à faire voir quelle est la veritable devotion, par rapport à celle de Monsieur Panulphe: de sorte que le venin, s'il y en a à tourner la bigotterie en ridicule, est presque precedé par le contrepoison' [pp.4–5]. In 1669, these remarks are placed in I,5, and are spoken, no doubt in amplified form, to Orgon (ll.318–45, 351–407).

3. At the point of the opening scene at which the Dorine of 1669 tells Mme Pernelle that everyone knows Oronte to be 'prude à son corps défendant' (l.124), Cléante intervened in 1667: 'Le Frere de la Bru continuë par un caractere sanglant qu'il fait de l'humeur des gens de cet âge, *qui blâment tout ce qu'ils ne peuvent plus faire*' [p.7]. In 1667 Cléante took over the rest of the incisive tirade spoken by Dorine in 1669 (ll.125–40). In answer to Mme Pernelle's enraged rejoinder in 1667, Cléante went on to exacerbate her further:

> Pour remettre la Vieille de son emotion, le Frere continue, sans faire semblant d'appercevoir le desordre où son discours l'a mise; et, pour un exemple de bigoterie qu'elle avoit apporté, il en donne six ou sept qu'il propose, soûtient et prouve l'estre de la veritable vertu. Nombre qui excede de beaucoup celuy des bigots alleguez par la Vieille [p.8].

This speech, was transposed in 1669 into I,5, ll.382–407. In 1667, it was Cléante who provoked her exit, in 1669 it is Dorine.

4. In 1667, after Mme Pernelle's exit at the end of the first scene, the remaining characters discussed the possible reasons for Orgon delaying the marriage of Mariane with Valère:

> ils l'attribuent fort naturellement au principe general de toutes les actions de ce pauvre homme coëffé de Monsieur Panulphe, c'est à dire à Monsieur Panulphe mesme, sans toutefois comprendre pourquoy ny comment il peut en estre la cause. Et là on commence à rafiner le caractere du saint Personnage, en montrant par l'exemple de cette affaire domestique

comment les Devots, ne s'arrestant pas simplement à ce qui est plus directement de leur métier, qui est de critiquer et mordre, passent au delà sous des pretextes plausibles à s'ingerer dans les affaires les plus secretes et les plus seculieres des familles [pp.10–11].

In 1669, this discussion was omitted, perhaps for reasons of diplomacy.

5. In 1667, as well as a lengthy discussion about hypocrisy, I,2, comprised a family council involving Elmire, Mariane, Cléante, Damis about the marriage of Mariane and Valère, all agreeing to press Orgon on it [p.11]. (The order in 1667 of the family's second scene and the third scene between Cléante and Dorine is inverted in 1669). In 1669 Damis alone alludes to the delay in the marriage, asking Cléante to raise it with Orgon (I,3, ll.217–20).

6. In 1669, lines 489–90 are spoken by Orgon to Dorine and Mariane about Tartuffe's temporal poverty and spiritual attachment in Act II,2. In 1667 they were spoken by Orgon to Cléante [p.16].

ACT II

7. In 1669 Dorine's gibe to Orgon in II,3, l.596 to the effect that he himself can marry Tartuffe, occurs in mid-scene. In 1667 it was followed at once by Valère's arrival [p.24]. In 1669 Valère appears in scene 4, and the lovers' reconciliation terminates the act.

8. In 1667, at the end of Act II Dorine, Elmire, Cléante and Damis spoke about the proposed marriage of Mariane to Panulphe:

> tous ensemble parlant de ce beau mariage, et ne sachant quelle autre voye prendre pour le rompre, se resolvent d'en faire parler à Panulphe mesme par la Dame, parce qu'ils commencent à croire qu'il ne la hait pas. Et par là finit l'Acte, qui laisse, comme on voit, dans toutes les regles de l'art, une curiosité et une impatience extreme de savoir ce qui arrivera de cette entreveuē ... [pp.28– 9].

This discussion is omitted in 1669, with a different ending to Act II, see note 7, above. A brief reference by Dorine to Elmire's intention to sound out Tartuffe on the marriage is the only trace of the 1667 scene to survive in 1669, III,1,ll.840–3. By juxtaposition with Tartuffe's entrance in 1669, an increase in dramatic tension is achieved.

ACT III

9. In the first of Panulphe's scenes with Elmire, Molière placed greater emphasis on the physical and earthy side to his nature. After his line '*qu'enfin tout homme est homme, et qu'un homme est de chair*', 'Il s'étend admirablement là-dessus, et luy fait si bien sentir son humanité et sa foiblesse pour elle, qu'il feroit presque pitié, s'il n'étoit interrompu par Damis ...' [p.41] In 1669, this is the final line spoken to Elmire in this scene, III,3,l.1012.[6]

10. In 1667, with the accusation by Damis against Panulphe and Elmire in front of Orgon, and her explanation,

> Son mary les regarde l'un et l'autre d'un oeil de couroux; et, aprés leur avoir reproché de toutes les manieres les plus aigres qu'il se peut, *la fourbe malconceuë qu'ils luy veulent jouër* ... [p.42]

In 1669, he only articulates one question to them: 'Ce que je viens d'entendre, ô Ciel! est-il croyable?' (l.1073), reserving his reproaches for Damis, see ll.1087–8.

11. In 1667 in the same scene, after Panulphe's self-accusation, Orgon vented his spleen on his son: '[il] s'emporte contre son fils d'une étrange sorte, l'appelant vingt fois *Coquin*' [p.43]. In 1669 his tetchiness is expressed through a graduated series of varied insults (ll.1108–40).

12. In 1667, when Panulphe knelt in front of Damis in hypocritical penitential posture, 'Le Pere s'y jette aussi d'abord pour le relever avec des rages extremes contre son fils' [p.44]. This corresponds to the point in 1669 where he says to Tartuffe 'Mon frère, eh! levez-vous, de grâce!' (l.1109). There is no mention in the letter of Orgon kneeling a few moments later in front of the hypocrite, as mentioned by the 1734 edition of M.-A. Jolly and subsequent tradition, which records 'Orgon se jetant à genoux et embrassant Tartuffe' at l.1116 of the 1669 play.

13. With Damis banished, Panulphe's first words to Orgon were 'O Ciel, pardonne-lui comme je lui pardonne'. This line has not been recorded by the letter, for the obvious reason that it presents similarity not so much with the Lord's Prayer, as G. Couton affirms, but with Christ's words from the Cross: 'Père, pardonne-leur: il ne savent ce qu'ils font', *Saint Luc* XXIII.34, (*La Bible de Jérusalem*), also with Stephen's use of them before his death in *Les Actes des Apôtres* VII.60.[7]

Molière greatly attenuated this verse in 1669, with 'O Ciel, pardonne-lui la douleur qu'il me donne!' (III,7,l.1142)

ACT IV

14. In 1667, after Cléante's scene with Panulphe which opened the act, there was another family council: 'Le Frere demeuré seul, sa Soeur vient avec Mariane et Dorine. A peine ont-ils parlé quelque tems de leurs affaires communes, que le Mary arrive ...' [p.49]. This scene has been omitted in 1669, and replaced by a very short speech by Dorine to Cléante in which she entreats him to intervene with Orgon on Mariane's behalf, as the marriage to Tartuffe has been arranged for that evening.

15. In 1667, in the following scene in which Orgon arrived for Mariane's signature on the wedding contract, he possibly alluded to Panulphe's nobility [p.50]. Cléante then intervened: 'Et sur cela le Frere luy represente excellemment à son ordinaire, *qu'il sied mal à ces sortes de gens de se vanter des avantages du monde*' [p.50]. In 1669 the hypocrite's nobility is mentioned by Orgon in II,2,ll.491-4, and Cléante's riposte is spoken by Dorine, ll.495-6.

16. In 1667 there was a lengthy debate between the family and Orgon about Panulphe's alleged misbehaviour with Elmire in the preceding act. Elmire and the others took part to try to convince him that they were telling the truth [pp.51-2]. In the corresponding scene in 1669, IV,3, attention is focussed more precisely on the need to disabuse Orgon about Tartuffe.

17. In the same scene in 1667, the family finally prevailed on Orgon to overhear the second tête-à-tête between Elmire and Panulphe by successfully appealing to the husband's innate perversity:

> ... on fait tant qu'on l'oblige à vouloir bien essayer ce qui en sera, ne fust-ce que pour avoir le plaisir de confondre les calomniateurs de son Panulphe: c'est à cette fin que le bon homme s'y resoud, aprés beaucoup de resistance [p.53].

This stratagem has been omitted in 1669.

18. After the above 'concession' from Orgon in 1667, Elmire unveiled her strategy for her second meeting with the hypocrite to Cléante, Dorine and Orgon:

> Le dessein de la Dame, qu'elle expose alors, est, aprés avoir fait cacher son mary sous la table, de voir Panulphe reprendre l'entretien de leur conversation precedente et l'obliger à se découvrir tout entier par la facilité qu'elle luy fera paroitre. Elle commande à Dorine de le faire venir [p.53].

This is omitted in 1669, where the servant, after the same warning to her mistress about the hypocrite's cunning as in 1667, goes off to fetch him.
19. Elmire's intimation to her husband about what she intended to say to Panulphe was shorter and blunter in 1667. She told him that she was going to play a strange part for a decent woman, that

> *elle y est contrainte, et que ce n'est qu'aprés avoir tenté en vain tous les autres remedes; qu'il va entendre un langage assez dur à souffrir à un mary dans la bouche d'une femme, mais que c'est sa faute,* [p.54].

In 1669 her speech is more diplomatic and polished, and she is anxious to anticipate Orgon's shock at what he will hear her say and endeavours to allay his fears by explaining that her intention is to make the hypocrite lower his mask by flattering his lust for her, IV,4,ll.1369–76.
20. In Elmire's second scene with Panulphe in 1667 her language was less restrained than in 1669 [pp.55–7]. She averred that she could not bear to see him in the arms of another woman, and that a force stronger than the interest of her family impelled her to frustrate his marriage with her daughter. In 1669 her declaration, while clear for Tartuffe, who perceives the difference in her behaviour from their previous scene, was couched in more reticent and diplomatic language, IV,5, ll.1411–36.
21. In answer to Elmire's scruples about sin, Panulphe in 1667 replied that '*il hait le peché autant et plus qu'elle ne fait*' [p.58]. This is omitted in 1669, with added concentration on casuistry's justification of sin.
22. In 1667 Panulphe's casuistical justification of adultery involved him in outright praise of sin: '*le scandale en effet est la plus grande offense, et c'est une vertu de pecher en silence*' [p.58]. In 1669 the endorsement of sinning is more discreetly formulated:

> Le scandale du monde est ce qui fait l'offense,
> Et ce n'est pas pécher que pécher en silence.(ll.1505 –6)

23. Panulphe's casuistry was not prefaced by any warning to the spectator about his misuse of theological language. In 1669, Molière has inserted the words '*C'est un scélérat qui parle*' after line 1487. In addition, the corresponding scene in the earlier play contained 'une longue deduction des adresses des Directeurs modernes' [p.58], reduced in 1669 to ll.1485–96, 1502–6 (See Couton, ed.cit., I, p.846).
24. In 1667, when Panulphe has left Elmire without argument in Act IV, she used her feet to signal urgently to her husband [p.59]. In 1669 the signal is at once more ironic and discreet, as she begins to cough at line 1497, whereupon Tartuffe notices her distress and offers her a piece of

liquorice which she declines with piquant effect for the spectators:
C'est un rhume obstiné, sans doute; et je vois bien
Que tous les jus du monde ici ne feront rien. (ll.1499–1500).
This *jeu de scène* and the references to her coughing were absent in 1667.
25. When Panulphe exited to make sure that Orgon was not nearby, the latter emerged from under the table to plant himself in front of the returning hypocrite [p.60]. The *jeu de scène* is more refined in 1669. '*Elle fait mettre son mari derrière elle*' (after line 1538), and this serves to merge scene 6 into the following one.
26. In 1667, on re-entering the room, 'La surprise de Panulphe est extreme, se trouvant le bon homme entre les bras' [p.60]. In 1669, Orgon stops Tartuffe in IV,7, at line 1541, interrupting the hypocrite's vision of unbridled pleasure. The re-entry and interruption of the hypocrite is treated in more subtle, less physical and more dramatic fashion.
27. In 1667, Panulphe persisted in attempting to retrieve his position in Orgon's eyes, calling him '*frère*' [p.62]. Tartuffe makes two very brief attempts to explain himself (ll.1553,1555), is told peremptorily by Orgon to leave forthwith, and then issues his threat to evict the family.

ACT V

28. In 1669, Orgon explains to the family how his friend Argas deposited confidential papers in his keeping relating to the latter's political activities during the Fronde, which Orgon has handed over to Tartuffe for reasons of conscience (V,1, ll.1579–92). In 1667 he wished to protect his friends [pp.64–65]. By 1669, it would have been indiscretion itself on Molière's part to suggest rebellion by the subjects of such a bountiful king!
29. In 1667, Cléante was more sombre and less restrained when talking to Orgon about Panulphe's perfidious behaviour, calling him a '*fourbe*' capable of ruining the family [p.66]. By 1669 he has become more orientated towards future action, advising Orgon to be diplomatic in his treatment of Tartuffe, (V,1,ll.1593–1600).
30. In 1669, the banished Damis returns in V,2, to rally to his father and Cléante. This scene did not exist in 1667.
31. In 1667, Mme Pernelle came back to counsel against believing evil of Panulphe, quoting in support abundant evidence about mistaken appearances in the form of 'des proverbes, des apophtegmes, des dictons du vieux tems, des exemples de sa jeunesse et des citations de gens qu'elle a connus' [p.68]. This is omitted in 1669, in favour of greater irony at her expense.

32. In 1669 Valère has an influential friend who obtains secret information that Tartuffe has betrayed Orgon by handing his compromising papers and *cassette* to the king, and Orgon hears this just prior to Tartuffe's grand entrance with L'Exempt to effect his arrest, ll.1829–44. In 1667, this information was mediated to Valère directly by '*l'Officier mesme qui a ordre de l'*(Orgon) *arréter*' [p.73]. The effects of the change are both dramatic and political: it enhances for the audience the surprise of the hypocrite's own arrest by the now ostensibly neutral L'Exempt in ll.1904ff, and preserves loyal servants of the crown from suspicion of duplicity in the execution of their duties.[8]

33. The speech of L'Officier of 1667 differed in several respects from the corresponding speech of L'Exempt in 1669. The former stressed the exposure of calumny by the sheer presence of Le Prince and the fact that '*l'hypocrisie est autant en horreur dans son esprit qu'elle est accreditée parmy ses sujets*' [p.76]. These allusions are omitted in 1669 where L'Exempt makes a less astringent and more anodyne speech in praise of the king, with more precise mention of Orgon's support of the royal cause during the Fronde (ll.1904–44).

From a scrutiny of the 1667 variations, specific indications emerge about the nature of that version:

A. Cléante was a much more aggressive and forthright role, in particular with reference to Mme Pernelle. He was much more closely involved in the action and took over some of Dorine's functions as agent provocateur (see modifications quoted above in 2,3,15,29). His *honnête* side was visible in 1667, but is more accentuated in 1669 in order to exemplify the play's cardinal principle of the necessity for tolerance in religion and in human relationships.

B. Panulphe, even in worldly guise, was a more provocative character than Tartuffe in 1669. He flouted traditional morality in more cynical and outspoken manner (21,22,23), and was altogether a much earthier and more sensual character (see 9 above). The satire of hypocrisy was much stronger in 1667. Molière was more pointed in his satire of Panulphe's manipulation of moral principles (21,22,23); the intention to shock was evident, with less care taken than in 1669 to soften the impact of casuistry on the audience (23); there was a hard-hitting discussion among the family of the tactics used by hypocrites to gain control of private homes (4); the dénouement is more acerbic with L'Officier used to give weight to the satire of rampant hypocrisy and the king's disapproval of it (33); an unrecorded verse spoken by Panulphe to

Orgon just after the dismissal of Damis could easily have been interpreted as blasphemous (13). Desfontaines' observation in his letter of 6 August 1667 to the Secretary of State for Foreign Affairs Hugues de Lionne to the effect that Molière had so satirized the 'petits collets' that he doubted whether there would be a second performance the following day (*sic*, for the first performance was in fact on the 5 August) proved both prophetic and a measure of the dramatist's boldness (see note 2).

C. The version of 1667 was more diffuse and less streamlined. The issue of the marriage between Panulphe and Mariane loomed much larger (4,5,8,14); the speeches on the distinctions between true and false religion have been taken from the opening scene and integrated into I,5 in 1669 where they merge more naturally into the tête-à-tête of Cléante and Orgon (2,3); dramatic effects are better prepared for in the 1669 version in which many elements have been omitted or more concisely presented (8,10,11,14,16,17,18,20,23,27, 30,31,32); the second encounter between Elmire and Tartuffe is more tightly organised as a result of less concentration on casuistry (21,22,23); liaison of scenes is smoother (5,7,14,18,25, see letter, notes 41,43,76,88,148,186,188). Dramatic effects are generally enhanced and procured by more refined (24,25,26,31,32), and symmetrical (30,32) techniques. *Jeux de scène* are more subtle and less farcical (24, 25,26).

D. Greater diplomacy is evident in the later play, where the language is more polished and less direct (4,19,20,22,23,28,32,33). In particular, Elmire is more diplomatic and polished in her handling of Orgon and with regard to the delicate issue of her role undertaken to trap Tartuffe (18,19,20), and, as has been seen, Cléante is more respectful in his dealings with Mme Pernelle. The political undertones are more circumspectly treated in 1669 (28,32,33). *L'Imposteur* of 1667 was a markedly different play from the final version. In the audacity of some of its satire of religious hypocrisy it carried more than an echo of its even more scandalous prototype of 1664. It was cruder in its language, less concise and dramatic in organisation of scenes than the final version. By 1669, Tartuffe, Cléante and Elmire had all in various ways become less outspoken and more polished performers. Molière's treatment of political issues had acquired a defter touch. The experience of *Le Tartuffe* would appear to have taught him that burning indignation at society's abuses and acute satirical observation of them were not in themselves enough to achieve his objectives. Considerable political skill was also required to bring them persuasively before the notice of his contemporaries. His own observations on the episode made in 1667 and 1669 respectively mirror the change in his attitude. In the second *Placet* to the king of August 1667 he had evoked the possibility of giving up writing plays: the *Préface* of 1669 is a polished demonstration of the political skill acquired since then which enabled him to avert that possibility. *Préface* and dramatist owe much of this to the intervention of La Mothe Le Vayer in the affair.

NOTES TO APPENDIX I

1   G. Couton, ed. cit., I, pp.891–2.
2   Ibid., I, pp.835–6. See Furetière's definition of 'petit collet': 'On appelle petit collet un homme qui s'est mis dans la réforme, dans la dévotion, parce que les gens d'Eglise portent par modestie de petits collets, tandis que les gens du monde en portent de grands ornés de dentelles'. Desfontaines, writing on 6 August 1667 to Lionne, mentioned that the second performance of the play was due for the following day, (*sic*) 'mais je crains que ce ne soit la dernière; les petits collets y sont si maltraités que je ne doute point qu'ils ne fassent tous leurs efforts pour la faire supprimer', *Molière recueil*, I, p.287. In August, 1664, P. Roullé had already accused Molière in print of sacrilegious abomination 'au mépris du caractère le plus sacré et de la fonction la plus divine, et au mépris de ce qu'il y a de plus saint dans l'Eglise', *Le Roi glorieux au monde*, Couton, ed. cit., I, p.1143; in the following year B.A. Sieur de Rochemont, in the context of *Dom Juan*, wrote that that play had been performed 'en dérision de tant de bons pasteurs que l'on fait passer pour des Tartuffes', *Observations sur le Festin de Pierre*, in ed. cit., II, p.1201.
3   *Ordonnance de Mgr. L'Archevêque de Paris*, in ed. cit., I, 1145.
4   See for example G. Michaut, *Les Luttes* ... , p.98; for J. Cairncross 'From that pamphlet, (the letter), it is clear that there is no material difference between Panulphe and Tartuffe', *New Light on Molière*, p.2; for R. Robert, *L'Imposteur* was 'un *Tartuffe* légèrement adouci', 'Des commentaires de première main sur les chefs-d'oeuvre les plus discutés de Molière', *Revue des Sciences Humaines*, 81 (1956), p.27; similar views are expressed by A. Adam, *Histoire* ..., III, p.314, and J. Scherer, *Structures de Tartuffe*, p.55.
5   'A cela près (the change of name from Panulphe to Tartuffe), la pièce était comme elle est aujourd'hui', *Sommaire du Tartuffe*, G.E.IV, p.370.
6   See Couton, ed. cit., I, p.846.
7   Ibid., I, p.1360. There are two sources for this, the abbé d'Allainval, *Lettre à Mylord ***sur Baron et Mlle Le Couvreur*, (Paris, 1730), p.227, and Jolly's edition of Molière's plays of 1734, I, p.XXXVIII. Voltaire mentions this line in his commentary on the play, giving it erroneously as 'O Ciel! pardonne-moi comme je lui pardonne', see G.E.IV, p.370.
8   See R. Bray, *Molière oeuvres complètes*, V, pp.364–5, n.25.

François de LA MOTHE LE VAYER
(1588–1672)

Gravé par Archille Ouvré
D'après le portrait de Nanteuil

APPENDIX II

FRANÇOIS DE LA MOTHE LE VAYER (1588–1672)

The branch of the Le Vayer family to which François belonged came originally from the *département* now known as Maine et Loire. Félix Le Vayer, Sieur de La Mothe, father of François, moved to Paris where he became *avocat* in the *Parlement* and eventually *substitut des avocats et procureurs généraux*. François, the eldest of nine children, succeeded to the post of his father in 1625. It was an appointment unlikely to satisfy him, and in subsequent years he never tired of expressing the profound aversion he experienced for the judiciary and magistracy. His strong Epicurean streak, evinced in his lifelong interest in Greek erotic verse, doubtless rendered him intolerant of all forms of chicanery. In his youth, he devoted himself assiduously to the cult of physical and intellectual pleasures, and was later unable to recall this period without feelings of acute shame and embarrassment. In his first book, *Quatre dialogues* (c.1630), he gives one of the rare personal confidences to be found in his work:

> Pour ce qui est des plaisirs ... j'avois des inclinations naturelles aussi puissantes, peut-estre, qu'aucun autre à m'en faire rechercher la jouïssance. Aussi estois-je bien avant engagé dans leurs apas ... [1]

In the same passage, he confesses that he would have been swept away in the maelstrom of libertinage if he had not been guided to safety by what he calls 'mon bon Genie' and his 'Demon Socratique'.[2] It is clear that he does not here allude to his marriage in July 1622 to Hélène Blacvod, widow of Georges Critton, a teacher of Greek eloquence at the Collège Royal. Marriage in fact seems to have done little if anything to curb his independence of mind and his licentious taste, especially if one is to judge by his diverse writings on a subject which never ceased to divert him. It was rather his love of travel and philosophy which opportunely intervened to steer him away from complete dissolution. Little is known of the places he visited in his early travels, but we do know that in company with Guillaume Bautru, the future Baron de Segré and Comte de Serrant, he visited England and Spain, staying with the French ambassador to those countries, and in 1635 he went to Italy as secretary of the ambassador M. de Bellièvre.[3] It is possible that he had been entrusted with a diplomatic mission of a minor nature. In one of his letters he writes that he had spent the best years of his life outside France, and his knowledge of Spanish and Italian bears this out.[4] More is known about the people he frequented who stimulated his love of philosophy. Around 1623 he met Mlle de Gournay, the *fille d'alliance* of Montaigne, and shortly after that the brothers Jacques and Pierre Dupuy, who were closely associated with the royal library. It was around the Dupuy brothers that the circle of scholars and bibliophiles gathered in the library of the Président de Thou known as *l'académie putéane*.[5] There Le Vayer came into contact with some of the most advanced thinkers of his age, such as Elie Diodati, the *avocat* and friend of the materialist thinker Cremonini and Galileo, the scientist and philosopher Pierre Gassendi, the rationalist Gabriel Naudé. With these three scholars Le Vayer formed a select group within the academy which René Pintard has described as the *tétrade*, and they figure prominently in his earliest dialogues in what Guy Patin aptly termed a 'débauche philosophique'.[6] All shared a common opposition to the official philosophy of the schools and Universities, Aristotelianism, and firmly supported the new empirical sciences which were beginning to push it into the background.[7] For most of his life Le Vayer was at the centre of the intellectual and literary activity of the century. He was a disciple of Père Baranzon, a noted opponent of Aristotle's philosophy, to which he preferred the cosmology of Copernicus. He was also friendly with such diverse personalities as Marin Mersenne, who was interested in scientific discovery and was an intimate of Descartes, the poet Colleret, the cosmopolitan scholar Peiresc, and with *libertins* such as J.-J. Bouchard and François Luillier. Of the younger generation, he knew especially well François Bernier the ardent disciple of Gassendi, Chapelle, Boileau, Cyrano de Bergerac, and of course Molière (see below). It is probably true to say that Le Vayer was of a less strictly philosophic and scientific bent of mind than Gassendi and that he lacked the penetrating rationalism of Gabriel Naudé. But he was indisputably the most widely read member of the *tétrade* as well as of the academy. He was in fact one of the most encyclopaedic minds of the seventeenth century. Naudé refers to the reputation which he enjoyed as 'Le Plutarque de la France', and in a letter to Balzac Chapelain echoes this description, although not without a trace of envy.[8] He inherited the library of Mlle de Gournay, as well as 'the mantle of Montaigne, the keys to the sceptical kingdom'.[9] But he was incomparably more widely read than either Montaigne or Charron, as a glance at even the slightest of his letters reveals, where he annotates scrupulously his multifarious sources, ancient and modern. The foundation for his immense erudition was provided by a universal knowledge of classical authors, which could only result from a daily and hourly communion with them. Unlike Montaigne, he was able to read Greek as well as Latin. Aristotle, Cicero, Seneca, Marcus Aurelius are quoted in abundance, as are historians such as Pliny, Aulus Gellius, Tacitus and Josephus, who serve principally to demonstrate the innumerable diversities of humanity. Natural scientists like Theophrastus and Celsus, physicists such as Hippocrates and Galen are frequently quoted. Juvenal, Horace, Lucretius and Homer are in evidence, as well as the Roman erotic poets Catullus and Martial. But the single greatest influence on the development of his thought was certainly exercised by the theoretician of ancient Greek scepticism, Sextus Empiricus (who wrote in the second half of the second century A.D.) If Le Vayer quotes 'le divin Sexte' as he calls him less frequently than other writers, the reason is simply that his own thought was saturated by the sceptical modes and tropes which his master employed with devastating skill in order to prove that we know nothing with certainty. His knowledge of the Bible is exhaustive and he quotes it often, not without malice, particularly the Pauline passages relating to the folly of human knowledge. His melancholic temperament seems to have attracted him to the rather sombre wisdom of *Ecclesiastes* and the more disabused aphorisms of the book of *Proverbs*. The works of St. Augustine are known thoroughly, and in *De la vertu des payens* he displays his mastery of the teaching of patristic literature. St. Thomas Aquinas is invariably quoted as the norm of orthodoxy in ecclesiastical and moral questions, and Jesuit theologians such as Molina, Maldonat, Vasquez and Suarez are used with ironic intent to prove sceptical ends. The uncertainty of man's knowledge of the universe is constantly underlined with reference to the discoveries of geographers such as Strabon, Pausanias and Marco Polo. An avid but critical reader of the accounts by Jesuit missionaries of Eastern countries and the New World, he corresponded with Bernier during his travels through Asia, asking for information regarding oriental customs and beliefs.[10] He was steeped in the independent thought of Italian Renaissance thinkers like Pomponazzi, Cardano, Bruno, Machiavelli, was friendly with the Italian naturalist and materialist Campanella, and the humanism of Erasmus is ever present. The result of his unbounded intellectual curiosity is to be found in an overpowering and bewildering erudition placed at the service of a sceptical mind with an inordinate fondness for paradox. All such features characterize his first published work, *Quatre dialogues faits à l'imitation des anciens* par Orasius Tubero (c.1630). The second volume, *Cinq dialogues du mesme autheur* was published about a year later. The first editions not only appeared under a pseudonym, but purported to have been published at Francfort by I.Sarius in 1604, 1606, and even 1506. Another edition which was published in 1647 informed the public that it had been published in 1606. It is highly probable that Le Vayer's elaborate mystification of his readers was undertaken to avoid possible complications with the authorities, and in particular with Cardinal Richelieu in whose service he had begun to progress, and such was to be the case much later with the anonymity of the *Lettre sur la comédie de l'Imposteur*. The dialogues treat a wide variety of subject: ignorance and knowledge, dogmatism and scepticism, religious belief and superstition, politics and marriage, eating habits and even donkeys are discussed by his various interlocutors in the most chaotic and unsystematic of ways. Orasius amuses himself by accumulating masses of information concerning customs, beliefs, manners. Scarcely a subject is left untouched, no moral vice or inanity which he cannot prove irrefutably to have been upheld with imbecile credulity at some time or place. He thus presents, but in a much more audacious way than Montaigne and Charron, the case for scepticism. In each dialogue, the irreducible confusion of opinion is shown to contrast with the modesty of the Sceptic Orasius, for whom the only criterion of truth is probability and appearances. In the facetious *Lettre de l'autheur* preceding *Quatre dialogues*, he announces both theme and conclusion in a way which is reminiscent of the ending to the *Lettre sur la comédie:*

> ... toute nostre vie n'est, à le bien prendre, qu'une fable, nostre connoissance qu'une asnerie, nos certitudes que des contes, bref tout ce monde qu'une farce et perpetuelle comedie.[11]

In this comedy, the role which Orasius assigns to himself is that of combating received ideas, substituting instead the marvellous sceptical suspension of judgement, epoche.[12] His methods are not systematic, but proceed by oblique suggestion and surreptitious erosion of orthodox tenets in morality and religion. He endeavours to justify his widespread use of paradox and licentiousness by alluding to the contemporary need for unvarnished language devoid of artifice.

A great surprise awaits the reader who goes on to consider the writings which succeed the dialogues. The years 1633–42 reveal a Le Vayer of the most impeccable orthodoxy in religion and manners. The reason for the change is not difficult to detect, for he was now under the direct patronage of the Cardinal de Richelieu. Henceforth, scabrous innuendo is no longer one of his principal preoccupations; he rather writes his *Petit discours chrétien sur l'immortalité de l'âme* (1637), dedicated to his patron. Here he is the most docile and tractable of writers, defending the doctrines of the Church with zeal, but at the same time prepared to renounce forthwith any opinion which may deviate unwittingly from the canon of Church law. He succeeded so well in obscuring the traces of the iconoclast Orasius that he was received into the Académie Française two years later. He had prepared the way for his nomination by his interest in the French language, writing *Considérations sur l'éloquence française de ce temps* (1638) in which he opposed the reforming zeal of Vaugelas, pleading for a more tolerant conservatism in grammar, syntax and style. Shortly after his entrance into the Académie he was encouraged by the Cardinal to write a comprehensive manual of instruction for the future Louis XIV. He entitled it *De l'instruction de Mgr. le Dauphin*, and the work, dedicated to the Cardinal, greatly strengthened his chance of becoming official tutor to the dauphin. But before the appointment was made, Le Vayer became embroiled in the controversy over the doctrine of Jansenism and its insistence that divine grace was necessary to achieve good actions. Richelieu, alarmed by the threat posed to spiritual and political unity, had attempted to suppress it by his imprisonment in 1638 of its leading French proponent, St. Cyran. Far from preventing the spread of its influence, it contributed to its diffusion. In 1640 Jansen's controversial work, the *Augustinus*, was published posthumously, and Richelieu decided that it should be refuted on a theological level. He entrusted this task to Père Antoine Sirmond, 'confesseur du roi', and Le Vayer. The cleric in his *Défense de la vertu* (1641) attacked the Jansenist teaching by declaring himself in favour of those who practised good works regardless of the presence of the supernatural grace which the Jansenists considered fundamental to salvation. Le Vayer wrote his polemical treatise *De la vertu des payens* in the same year. His principal concern, he announces at the beginning, is 'de considérer ... ce que nous pouvons penser Chrétiennement du salut des Païens qui ont été vertueux, et que nous tenons avoir moralement bien vecû'.[13] He proceeds to adduce arguments from the Church Fathers to prove that Aristotle, Socrates, Confucius and all the other luminaries of Antiquity were, by virtue of 'la foi implicite', unwitting beneficiaries of divine grace. But of all his pagan candidates for salvation, none is so eminently qualified as Pyrrhus the Sceptic. His work provoked a vigorous rebuttal from Antoine Arnauld, *De la nécessité de la foi en Jésus-Christ*, which accused him of attempting to establish a new kind of religion consisting simply in recognizing an original author of the universe and in living according to nature and reason.[14]

Richelieu died in December 1642, and the tutorship of the dauphin, which Le Vayer would otherwise certainly have obtained, became the subject of renewed discussion. Mazarin did not wish to choose between Gassendi, Rigault, Arnauld d'Andilly and Le Vayer. It seems that in order to exclude the latter, it was decided that the post could best be filled by someone who was not married.[15] Consequently, Hardouin de Péréfixe, then abbé de Beaumont, was appointed, the same person who as Archbishop of Paris was to issue the solemn decree to all the clergy of his diocese against *L'Imposteur* in August 1667. (Their paths were to cross again in the Académie Française of which Hardouin became a member in 1654. The Archbishop's interdiction of 1667 could only awaken old antagonisms and in the *Lettre sur la comédie de l'Imposteur* Le Vayer must surely have glimpsed a golden opportunity to counter what he viewed as the pernicious influence of rigorist clergy.)

Le Vayer accepted his partial demotion philosophically. In the following year he wrote *De la liberté et de la servitude* in his retirement, openly expressing his dislike of the dependence to which he was subjected at court. He renewed friendship with the *tétrade*, to whom some of his *Opuscules ou petits traités* (1643–7) are dedicated. There he returns to his beloved scepticism, but now his approach is characteristic of an essayist rather than of a philosopher. Subjects range from ancient and modern literature to fashion, friendship, pride, conversation and solitude, health and illness, riches and poverty. The conclusion is invariably the same: 'un grain de scepticisme' is the panacea for all the ills of life, enabling one to adjust mentally to any conceivable situation. His penchant for irony and paradox remains unabated. In *Opuscule ou petit traité sur cette commune façon de parler: n'avoir pas le sens commun* (1646) he takes up the defence of folly against wisdom in a way that is reminiscent of *Encomium Moriae* (1509) by Erasmus. If his wit is less deft and his paradoxes more pedantic than those of his predecessor, it is still one of the most diverting and curious of his voluminous writings.

A year after the publication of his *opuscule*, he was back in favour at court, having been appointed tutor to the Duc d'Anjou, the brother of Louis XIV. The appointment was made in spite of opposition from 'le grand Arnauld' (Antoine Arnauld), who harboured doubts about Le Vayer's religious orthodoxy. The Prince's education was taken in hand with such fervour that Mazarin was obliged to request the royal pedagogue to proceed more circumspectly. From 1652–56 Le Vayer was in charge of Louis XIV, since Hardouin de Péréfixe had increasingly to attend to pastoral business, as bishop of Rodez. Le Vayer *père* delegated the teaching of the duc to his son, the abbé de La Mothe Le Vayer. The years 1651–58 saw the publication of Le Vayer's pedagogic writings, *La Géographie du Prince, La Morale du Prince, La Rhétorique du Prince, L'Economique du Prince, La Politique du Prince, La Logique du Prince, La Physique du Prince.*

In 1660 the king married Marie-Thérèse of Austria, his brother married in the following year, and this provided Le Vayer with a pretext for his second retirement from court life. He was evidently disappointed and embittered by his experience of it, and in *Prose chagrine* (1661) delivers himself of a lengthy satire against the lack of trust and gross flattery to be found there. The book is not entirely negative, for scepticism is again discovered as the therapeutic enabling him to choose Democritean laughter as the most appropriate reaction to the human condition. The disabused tone gives way to the gentle melancholic scepticism of Tubertus Ocella in *Les Promenades en neuf dialogues* (1662–64), as he discourses on themes such as marriage, medicine, nature, solitude. *Homilies académiques* (1664–66) treat familiar subjects in more scholarly and discursive manner, marriage (inevitably!), philosophy, the soul, friendship, religion, justice, self-knowledge, etc. The *Dernières homilies académiques* (1666) contain homily 25, *De la prudence*, which will provide the moralistic framework for his theory of the ridiculous in the *Lettre sur la comédie de l'Imposteur* of the following year. *Problèmes sceptiques* (1666) on the other hand reveal yet again the *raillerie* of scepticism, as Le Vayer amuses himself by posing a simple question and giving dual contradictory answers. *Discours pour montrer que les doutes de la philosophie sceptique sont de grand usage dans les sciences* (1669) is destined to reveal that Pyrrhonism is not entirely destructive but may provide a basis for the empirical sciences. The overall impression produced on the reader conveys (as it was no doubt intended to) not the possibility of attaining accurate knowledge, but rather the irreducible confusion reigning in all branches of knowledge, moral or scientific. The last years produce the slight *Soliloques sceptiques* (1670) and the more interesting *Hexaméron rustique ou les six journées passées à la campagne entre des personnes studieuses* of the same year. With appropriate irony, this work of his old-age suffered the fate of being placed immediately on the Index, something which had not previously happened to the prudent Sceptic. The reason is evident: each of the six guests chooses a theme on which to speak: the speaker of the third day, Racemius (Guillaume Bautru) pleads eloquently for a return to the shamelessness of Antiquity in physical love. Tubertus Ocella takes up the fourth day, with his exposition of the erotic poem *De l'antre des Nymphes*, narrated with refined licentiousness.

Le Vayer died on 9 May, 1672, in his eighty-fourth year. The last words which he is supposed to have uttered were to François Bernier about the latter's travels in the East: 'Eh bien, quelles nouvelles avez-vous du Grand Mogol?'[16] Whether apocryphal or not, they epitomize his quixotic character, his insatiable thirst for esoteric and picturesque detail. During his life he possessed the well-established reputation of an eccentric philosopher. In 1649 Guy Patin gave the following description of the newly appointed tutor to the Duc d'Anjou: 'il est âgé d'environ soixante ans, de médiocre taille, autant stoïque qu'homme du monde, homme qui veut être loué et ne loue jamais personne, fantasque, capricieux, et soupçonné d'un vice d'esprit dont étoient atteints Diagoras et Protagoras' (i.e. scepticism in religious belief).[17] Tallemant des Réaux tells us that he was of such bilious temperament that if he happened to be irritated by a log in the fire, he would throw it into the middle of the room and stamp it out. When taking supper with his son François and niece, Honorée de Bussy, he would enrage them by appearing with his face covered in grease: 'car en se mettant au lict, il se frottoit de suif tout le visage'. Once when Honorée came home late from church and apologized for not having been able to leave God sooner he expostulated 'Je veux ... que vous le quittiez, et que vous ne me fassiez pas attendre'. His friend Luillier compared him to an 'opérateur', such was his outmoded dress. When everyone wore boots, he wore shoes, and dressed himself in a coat of black plush, with the result that passers-by mistook him for a charlatan or a minister of the Reformed Church. Once, when he called at the house of his friend Gombauld, the servant refused him admission on account of his strange apparel. He continually walked with his gaze averted from the world and lost in the far-off mysteries of the heavens and was frequently assumed to be an astrologer.[18] The enigmatic smile worn by him in the engraving by Achille Ouvré gives us the impression of an impenetrable Sceptic, aware of the follies of the human condition, yet assiduously cultivating his own eccentricities (see portrait facing page 157 of this edition).

René Pintard, summarizing the thought of Le Vayer, writes that it finally resulted in 'peu de chose'.[19] It is true that excessive subtlety prevents his philosophy from acquiring a coherent constructive form and content. It is predominantly the personal expression of an ironic attitude to life, and as such, could not be expected to make a great impact upon posterity. It is however foolish to overlook the fact that Le Vayer was amply aware of this. If he shrouds his thought in tortuous language, it is primarily because he did not wish to be understood by what he refers to as the 'sotte multitude' and 'le vulgaire'. His philosophy of scepticism was restricted by its own principles to a small esoteric audience. Nor was this a feature peculiar to Le Vayer's thought. J.S. Spink remarks of the French Sceptics in the early seventeenth century that 'They learned to look upon themselves as initiates (*déniaisés*), to distinguish between the *élite* and the vulgar herd ... '[20] It seems to me summary to dismiss Le Vayer as being nothing more than a philosopher aloof from humanity, steeped in an attitude of pure Pyrrhonic doubt. His multifarious *Petits traités en forme de lettres écrites à diverses personnes studieuses* reveal aspects of his thought undisclosed by his more philosophical works. There, writing on subjects at once trivial and learned, which vary from theft to funerals, mathematics to literary disputes, illness and health, etc., we see the practical side to his thought: indulgence to human nature, willingness to hear both pro and contra of any question, tardiness to judge others, fidelity and generosity to friends, of which his *Lettre sur la comédie de l'Imposteur* is such an excellent example. Such qualities more than counterbalance the subtlety, deviousness and expediency which characterize his life and thought.

How and when did Molière come into contact with Le Vayer? In my view, their friendship dates at least from the beginning of Molière's stay in Paris after his tour of the provinces. When he returned from the provinces to the capital, his troupe of actors played *Nicomède* by Corneille in the presence of the king in October 1658. According to the *Registre* of the faithful secretary to the troupe, La Grange 'Le sieur de Molière et sa troupe arrivèrent à Paris au mois d'octobre 1658, et se donnèrent à Monsieur, frère unique du roi, qui leur accorda l'honneur de sa protection et le titre de ses comédiens'.[21] The *Préface* of the first edition of Molière's plays in 1682 mentions 'plusieurs personnes de considération, qui, s'intéressant à sa gloire, lui avaient promis de l'introduire à la Cour'. The same people were able to ensure that the troupe enjoyed royal patronage.[22] Who were these influential people who prevailed on Monsieur to grant his protection to an unknown troupe, so successfully in fact that they played before the king several weeks after their return from the provinces? In all probability Le Vayer and his son, l'abbé. As has been seen, the father was appointed tutor to Monsieur in 1647, and from 1652–56 was entirely responsible for teaching the young king. For that period the teaching of Monsieur had been delegated to his son. Both were obviously held in high esteem at court, and were well placed to act as intermediaries between playwright and patron. If Le Vayer's letter of encouragement to a young and unknown struggling playwright, *Des récréations honnêtes,* which presents such close analogies with the *Lettre* itself and Molière's *Préface* of 1669, were in fact written to Molière, that friendship would date at least from 1654.[23]

On his arrival in Paris in 1658, Molière resided in Rue Sainte Thomas du Louvre. The Le Vayer had then been living for two years in the neighbouring parish of Sainte Roch in the Rue Traversante.[24] Both the father and Molière moved in the same circle of friends. Molière had kept in contact with Chapelle during his travels in the provinces, and both he and the latter's father, François Luillier, were two *habitués* of the Hôtel Le Vayer.[25] François Bernier was a mutual friend, supplying Le Vayer with information from his travels, and satirizing with Molière and Boileau the academic doctors and pedants of Paris.[26] Molière was also a close friend of the philosopher's niece, Honorée de Bussy, who lived in the same house as the Le Vayer until the end of 1664, and to whom he read all his plays according to Tallemant des Réaux.[27] The playwright probably knew Le Vayer's son before he met the philosopher. The abbé was not one of those rigorous clerics in the mould of Hardouin de Péréfixe opposed to the theatre. On the contrary, he reveals a satirical humour and jocular good sense in his satire *Le Parasite Mormon* (1650), which makes fun of the pedantic professor of Greek at the Collège de France.[28] Like the author of *Les Femmes savantes,* François the younger had scant respect for people who indulged in vain displays of learning, and for all who attempted to disguise their true nature. It was to the abbé that Boileau dedicated his 4th *Satire* in 1664, which castigates '(le) pédant enivré de sa vaine science'.[29] The friendship between them was certainly deep and Molière has left us proof of this. On the 16 or 19 September 1664 the abbé fell ill, and Guy Patin devotes several lines to the occurrence: 'Nous avons ici un honnête homme bien affligé, c'est M. de La Mothe Le Vayer, célèbre écrivain, et ci-devant précepteur de M. le duc d'Orléans, âgé de septante-huit. (Le Vayer was in fact 76 at the time.) Il avoit un fils unique d'environ trente-cinq ans, qui est tombé malade d'une fièvre continue, à qui MM. Esprit, Brayer, et Bodineau ont donné trois fois le vin émétique et l'ont envoyé au pays d'où personne ne revient'.[30] Molière sent the following sonnet to the father in memory of his son, expressing the feelings of both with graceful dignity:

> Aux larmes, Le Vayer, laisse tes yeux ouverts;
> Ton deuil est raisonnable, encor qu'il soit extrême;
> Et lorsque pour toujours on perd ce que tu perds,
> La Sagesse, crois-moi, peut pleurer elle-même.

On se propose à tort cent préceptes divers
Pour vouloir, d'un oeil sec, voir mourir ce qu'on aime;
L'effort en est barbare aux yeux de l'univers,
Et c'est brutalité plus que vertu suprême.
Mais la perte, par là, n'en est pas moins cruelle.
Ses vertus de chacun le faisaient révérer;
Il avait le coeur grand, l'esprit beau, l'âme belle,
Et ce sont des sujets à toujours le pleurer.

A short letter of explanation accompanied the poem:

Vous voyez bien, Monsieur, que je m'écarte fort du chemin qu'on suit d'ordinaire en pareille rencontre, et que le sonnet que je vous envoie n'est rien moins qu'une consolation. Mais j'ai cru qu'il fallait en user de la sorte avec vous, et que c'est consoler un philosophe que de lui justifier ses larmes et de mettre sa douleur en liberté: si je n'ai pas trouvé d'assez fortes raisons pour affranchir votre tendresse des sévères leçons de la philosophie, et pour vous obliger à pleurer sans contrainte, il en faut accuser le peu d'éloquence d'un homme qui ne saurait persuader ce qu'il sait si bien faire.[31]

A year after the death of his friend, Molière gained a measure of revenge on the three eminent doctors responsible for the prescription of emetic wine by satirizing them in his farce *L'Amour médecin*.[32] No doubt due in part at least to his bereavement, Le Vayer married Isabelle-Angélique de La Haye, daughter of a former French ambassador, on 29 December 1664, his first wife having died in 1655.

Molière's final connexion with the Le Vayer underlines the deep and intimate nature of his friendship with them. After his death, the inventory of his possessions (13–21 March 1673), lists among the books comprising his library: 'Item, quatorze vollumes in-folio, reliez en veau, deux tomes du sieur de La Motte-Levayer, ... '[33] This edition was either the one published in 1654 under the son's supervision (2 vols in-folio) or a similar in-folio edition of 1662. Is it possible to say which of these editions was owned by Molière? The inventory's reference seems to me to indicate the later edition for the following reason. Besides many *petits traités* written after the first in-folio edition, it contained *Prose chagrine*, first published in 1661. The detailed similarities between this work and *Le Misanthrope* (1664) make it clear that Molière had access to a copy. It is this fact which inclines me to the conclusion that the 'Le Vayer épais', to use Boileau's jocular reference to the philosopher's weighty tomes, was entitled *Oeuvres de François de La Mothe Le Vayer, conseiller d'Etat ordinaire*, (Paris, Augustin Courbé, 1662), 2 vols in-folio.[34]

NOTES TO APPENDIX II

1 *Dialogues*, p.144.
2 Ibid., p.144.
3 R. Pintard, *Le Libertinage érudit*, pp.136–7, see also note 5 to p.136 on p.596; F. Wickelgren, *La Mothe Le Vayer, sa vie et son oeuvre*, (Paris, 1934), pp.6–7.
4 *De l'utilité des voiages*, Oeuvres, VI, (1re partie), 11e vol., p.56.
5 R. Pintard, op. cit., pp.92–5; A. Adam, *Histoire*... , I, pp.287–8.
6 Letter of 27 August 1648, in *Lettres*, (Paris, 1846), II, p.508.
7 R. Pintard, op. cit., pp.127–208.
8 F. Wickelgren, op. cit., p.11, p.9.
9 R. Popkin, *The History of Scepticism from Erasmus to Descartes*, (Assen, 1960), p.92.
10 F. Wickelgren, op. cit., pp.45–69.
11 Op. cit., p.14.
12 According to Voltaire, 'sa devise était: De las cosas mas seguras La mas segura es dudar. (De toutes choses les plus sûres, la chose la plus sûre est de douter) comme celle de Montaigne était: Que sais-je?', *Siècle de Louis XIV*, (Neuchâtel, 1778), I, p.275. The French translation is from H. Arvon, *L'Athéisme*, (Paris, 1967), p.23, who has some interesting pages on Le Vayer.
13 Op. cit., V, (1re partie), 9e vol., p.16.
14 F. Wickelgren, op. cit., pp.183–223. See also Adam, *Histoire*... , V, pp.68ff.
15 Ibid., pp.10–11.
16 Ibid., p.21.
17 Letter of 13 July, 1649, in *Lettres*, II, pp.523–4, also I, p.460.
18 *Les Historiettes*, (Paris, 1862), II, p.55 n.2, p.477; *Abrégé de la vie de Monsieur de La Mothe Le Vayer*, Oeuvres, I, (1re partie), 1er vol., pp.41–2.
19 Op. cit., p.537.
20 *French Free-Thought from Gassendi to Voltaire*, p.9.
21 *Molière recueil*, I, p.102.
22 G. Couton, ed. cit., I, p.997.
23 See Introduction, Section C; R. McBride, 'Un Ami sceptique de Molière', *Studi Francesi*, 47–8 (1972), pp.246–8.
24 E. Magne, *Une Amie inconnue de Molière*, (Paris, 1922), pp.53–6; P. Mélèze, 'Les Demeures parisiennes de Molière', *Mercure de France*, 329 (février 1957), pp.260–95.
25 See Chapelle, *Les Oeuvres de Bachaumont*, (Paris, 1854), pp.198–204; G. Mongrédien, 'Le Meilleur ami de Molière: Chapelle', *Mercure de France*, 329 (février 1957), pp.242–59.

26 F. Bernier, *Requeste des Maistres ès arts, Professeurs et Regens de l'Université de Paris, présentée à la Cour souveraine de Parnasse*, (A Delphes, 1671); Boileau, *Arrêt burlesque*, (Paris, 1671), in ed. cit., pp.315–18.
27 'Molière luy lisoit toutes ses pieces, et quand l'*Avare* sembla estre tombé: 'Cela me surprend' dit-il 'car une demoiselle de très-bon goust et qui ne se trompe guères, m'avoit respondu du succez'. En effect la piece revint et plut', *Les Historiettes*, II, p.52, n.1.
28 R. McBride, 'Molière et une satire oubliée: *Le Parasite Mormon*', *Studi Francesi*, 80 (1983), pp.269–79.
29 Ed. cit., p.35.
30 *Lettres*, III, p.484.
31 *Seconde Partie du Recueil de pièces galantes en prose et en vers de Madame la comtesse de la Suze, d'une autre dame comme aussi de plusieurs et différents autheurs*, (Paris, 1668), p.72.
32 See G. Patin, op. cit., III, pp.556ff.
33 Bibliophile Jacob, *Dissertations bibliographiques*, (Paris, 1864), ch.11; M. Jurgens, E. Maxfield-Miller, *Cent ans de recherches sur Molière, sur sa famille et sur les comédiens de sa troupe*, (Paris, 1963), p.560.
34 Ed. cit., p.218.

Lightning Source UK Ltd.
Milton Keynes UK
UKOW03f0439290414

230737UK00001B/24/P